मासूमियत की सुरक्षा: शिकारियों से बच्चों की सुरक्षा के लिए एक मार्गदर्शिका

द्वारा

अमांडा डैनियल

विषयसूची

पुस्तक के बारे में - मासूमियत की रक्षा: शिकारियों से बच्चों की सुरक्षा के लिए एक मार्गदर्शिका

ऐसी दुनिया में जहाँ बच्चों की सुरक्षा एक बढ़ती हुई चिंता है, **सेफगार्डिंग इनोसेंस** माता-पिता और अभिभावकों के लिए एक महत्वपूर्ण संसाधन के रूप में कार्य करता है। यह व्यापक मार्गदर्शिका बच्चों को विभिन्न खतरों से बचाने के लिए जागरूकता और सक्रिय उपायों के महत्व पर प्रकाश डालती है। यह बच्चों को संभावित खतरों से बचने के लिए आवश्यक उपकरणों से लैस करने के लिए खुले संचार, सुरक्षित सीमाओं पर शिक्षा और ऑनलाइन सुरक्षा पर जोर देती है। पुस्तक यह भी बताती है कि संदिग्ध व्यवहारों का प्रभावी ढंग से जवाब कैसे दिया जाए, कानून की भूमिका और सामुदायिक सहभागिता का महत्व। लचीलेपन की व्यक्तिगत कहानियों और स्वस्थ संबंधों को बढ़ावा देने की रणनीतियों के लिए समर्पित अनुभागों के साथ, यह मार्गदर्शिका देखभाल करने वालों को एक सुरक्षित वातावरण विकसित करने के लिए सशक्त बनाती है। व्यावहारिक सलाह को प्रेरक कथाओं के साथ जोड़ते हुए, **सेफगार्डिंग इनोसेंस का** उद्देश्य बाल उत्पीड़न के खिलाफ एकजुट मोर्चा बनाना है, यह सुनिश्चित करना कि माता-पिता और बच्चे दोनों एक सुरक्षित दुनिया में पनप सकें।

लेखक के बारे में – अमांडा डैनियल

लेखक के बारे में

अमांडा महिलाओं और बच्चों के लिए एक भावुक वकील हैं, एक समर्पित पत्नी हैं, जिनकी कानूनी पृष्ठभूमि है और एक सशक्त लेखिका हैं जिन्होंने महिलाओं और बच्चों को घरेलू और यौन शोषण के आघात से उबरने में मदद करने के लिए अपना जीवन समर्पित कर दिया है। अपने स्वयं के अनुभवों और अपने करीबी लोगों से प्रेरणा लेते हुए , अमांडा ने इन मुद्दों से प्रभावित लोगों के लिए जागरूकता बढ़ाने और सहायता प्रदान करने के उद्देश्य से तीन प्रभावशाली पुस्तकें लिखी हैं। पीड़ित होने से लेकर विजेता बनने तक का उनका सफर उनके पाठकों को अपनी ताकत और लचीलापन खोजने के लिए प्रेरित करता है।

उसकी किताबें

- **लचीलापन उजागर: घरेलू हिंसा के खिलाफ महिलाओं की जीवित रहने की कहानियां** - यह पुस्तक घरेलू हिंसा से बची महिलाओं की शक्तिशाली कहानियों को संकलित करती है, जो

उनके साहस और उनके जीवन को पुनः प्राप्त करने के लिए उनके द्वारा की गई यात्राओं को दर्शाती है।

- **पीड़ित से विजेता तक: यौन दुर्व्यवहार के विरुद्ध महिलाओं की सुरक्षा हेतु एक पुस्तिका** - महिलाओं के लिए सशक्तीकरण रणनीतियों और अंतर्दृष्टि से भरी एक व्यावहारिक मार्गदर्शिका, कि वे यौन दुर्व्यवहार के विरुद्ध स्वयं की रक्षा कैसे करें तथा अपनी शक्ति को पुनः प्राप्त करें।
- **मासूमियत की सुरक्षा: शिकारियों से बच्चों की सुरक्षा के लिए एक मार्गदर्शिका** - इस आवश्यक मार्गदर्शिका का उद्देश्य माता-पिता, देखभाल करने वालों और बच्चों को शिकारियों से संभावित खतरों की पहचान करने, उन्हें रोकने और उनका जवाब देने के बारे में शिक्षित करना है।

अमांडा का मिशन

अपने लेखन के माध्यम से अमांडा का लक्ष्य है:

- दुर्व्यवहार से बचे लोगों की कहानियां साझा करके तथा उनके लचीलेपन को बढ़ावा देकर उन्हें सशक्त बनाएं।

- महिलाओं और बच्चों को स्वयं की सुरक्षा के लिए व्यावहारिक संसाधन और जानकारी उपलब्ध कराना।
- घरेलू और यौन दुर्व्यवहार की वास्तविकताओं के बारे में जागरूकता बढ़ाना ताकि जनता को सूचित और शिक्षित करने में मदद मिल सके।

अमांडा से जुड़ें

अमांडा और उनके कार्यों के बारे में अधिक जानकारी के लिए, या उनके साथ बोलने और कार्यशालाओं के लिए जुड़ने के लिए, कृपया लिंक के माध्यम से अमांडा डैनियल के फेसबुक निजी समूह पृष्ठ पर जाएं - https://web.facebook.com/groups/amandadaniel

अध्याय 1. बाल सुरक्षा के परिदृश्य को समझना

1.1 खतरों की वास्तविकता

आज की दुनिया बच्चों के सामने आने वाले कई तरह के खतरों से भरी हुई है और माता-पिता या अभिभावक के तौर पर इन खतरों को समझना बहुत ज़रूरी है। कुछ खतरे तो स्पष्ट हैं, जैसे स्कूलों में बदमाशी और हिंसा, लेकिन कुछ ज़्यादा ही खतरनाक खतरे भी हैं, जैसे ऑनलाइन शिकारी, साइबर बदमाशी और यहाँ तक कि उनके मानसिक स्वास्थ्य पर सोशल मीडिया का असर। हर रोज़, बच्चे संभावित जोखिमों से भरे एक जटिल परिदृश्य से गुज़रते हैं जो उनके स्वास्थ्य, विकास और खुशी को प्रभावित कर सकते हैं। मुझे याद है जब मेरे बच्चे ने पहली बार सोशल मीडिया का इस्तेमाल करना शुरू किया था; मुझे लगा कि मेरे बच्चे की ज़िंदगी में अजनबियों की पहुँच हो सकती है, सोशल मीडिया के ज़रिए फिट होने और परफेक्ट बनने के दबाव का तो ज़िक्र ही नहीं किया जा सकता। माता-पिता के तौर पर, हमारे लिए

अपने नन्हे-मुन्नों की बेहतर सुरक्षा के लिए इन खतरों के बारे में जानकारी रखना और सतर्क रहना ज़रूरी है।

आंकड़े एक गंभीर कहानी बताते हैं। हाल ही में किए गए अध्ययनों के अनुसार, लगभग पाँच में से एक छात्र व्यक्तिगत रूप से या ऑनलाइन बदमाशी का अनुभव करता है, और इसके परिणाम विनाशकारी हो सकते हैं। कई बच्चे अलग-थलग और चिंतित महसूस करते हैं, जिससे दीर्घकालिक मनोवैज्ञानिक प्रभाव हो सकते हैं। मैंने ऐसे माता-पिता से बात की है जिन्होंने अपने बच्चों के बारे में दिल दहला देने वाली कहानियाँ साझा की हैं जो बदमाशी के बाद अवसाद से जूझ रहे हैं। इसके अलावा, प्रौद्योगिकी के उदय ने शिकारियों के लिए बच्चों को निशाना बनाना आसान बना दिया है। वास्तव में, ऑनलाइन तीन में से एक बच्चे को किसी न किसी रूप में यौन प्रलोभन का सामना करना पड़ा है। ये संख्याएँ भारी लग सकती हैं, लेकिन इन खतरों की वास्तविकता को समझने से हमें माता-पिता के रूप में सूचित निर्णय लेने और अपने बच्चों के साथ उनकी ऑनलाइन बातचीत और उनकी भावनाओं के बारे में खुली चर्चा करने में मदद मिलती है।

इन खतरों का मुकाबला करने में हर माता-पिता की भूमिका होती है। हमारे पास सबसे प्रभावी साधनों में से एक संचार है। अपने बच्चों के साथ अपने अनुभव साझा करना - जैसे कि जब मैं एक किशोर के रूप में साथियों के दबाव का सामना कर रहा था - उनके लिए अपनी चिंताओं को व्यक्त

करने के लिए एक सुरक्षित स्थान बनाता है। उन्हें अपने दैनिक अनुभवों को खुलकर साझा करने के लिए प्रोत्साहित करें, स्कूल या ऑनलाइन अपनी बातचीत के बारे में बात करना उनकी आदत बना लें। अभी हाल ही में, मैंने अपने बच्चे से सोशल मीडिया पर देखी गई एक परेशान करने वाली पोस्ट के बारे में बात की थी। इन विषयों के बारे में खुलकर बात करने से न केवल हमारे बच्चों को अकेलापन कम महसूस होता है, बल्कि उन्हें इन खतरों को पहचानने और उनका समाधान करने में भी मदद मिलती है। आइए हम उनके जीवन में शामिल रहें, यह सुनिश्चित करते हुए कि उन्हें पता है कि वे किसी भी कठिनाई का सामना करने पर हमेशा हमारी ओर रुख कर सकते हैं। ऑनलाइन सुरक्षा को प्रबंधित करने के लिए एक व्यावहारिक सुझाव डिवाइस के उपयोग के बारे में पारिवारिक नियम निर्धारित करना और परिवार के भोजन के दौरान तकनीक-मुक्त समय बनाना है ताकि महत्वपूर्ण संबंध और बातचीत बन सकें।

1.2 खतरे के संकेतों को पहचानना

आम चेतावनी संकेत अक्सर सूक्ष्म लेकिन शक्तिशाली संकेतक हो सकते हैं कि बच्चा जोखिम भरी स्थिति में हो सकता है। सबसे आम संकेतों में से एक मूड में अचानक बदलाव है। उदाहरण के लिए, मेरी दोस्त तारा ने देखा कि

उसकी आम तौर पर खुशमिजाज बेटी एम्मा पारिवारिक गतिविधियों से दूर रहने लगी और खुद को अलग-थलग करने लगी। इस बदलाव ने तारा की चिंता बढ़ा दी और उसे जल्द ही पता चला कि एम्मा को स्कूल में तंग किया जा रहा है। देखने के लिए अन्य संकेतों में नींद के पैटर्न या भूख में बदलाव शामिल हैं। जब बच्चे जो पहले नियमित रूप से सोते थे, देर तक जागने लगते हैं, करवटें बदलते हैं या जब वे पहले पसंद किए जाने वाले भोजन को अस्वीकार करते हैं, तो किसी भी अंतर्निहित समस्या के बारे में पूछताछ करना महत्वपूर्ण है। कभी-कभी, बदलाव भावनाओं के बारे में कम और शारीरिक व्यवहार के बारे में अधिक होता है। बिना किसी कारण के चोटों में वृद्धि या नर्स के कार्यालय में बार-बार जाना संकेत दे सकता है कि कुछ ठीक नहीं है। इनमें से प्रत्येक संकेत जांच के लायक कहानी बताता है, हमें याद दिलाता है कि हमारी सहज प्रवृत्ति अक्सर पहली अलार्म घंटी होती है कि किसी चीज़ को संबोधित करने की आवश्यकता है।

माता-पिता को इन सूक्ष्म परिवर्तनों की पहचान करने में सक्षम बनाना अविश्वसनीय रूप से महत्वपूर्ण है। मैं कई माता-पिता के साथ बैठा हूँ जो अपने बच्चों के भावनात्मक जीवन की जटिलताओं से अभिभूत महसूस करते हैं। परिवर्तनों के प्रति सजग होने का एक व्यावहारिक तरीका है अपने बच्चे के साथ संवाद की खुली लाइनें बनाना। नियमित

रूप से उनके दिन-प्रतिदिन के अनुभवों की जाँच करें, न केवल स्कूल में क्या हो रहा है, बल्कि यह भी कि उनकी दोस्ती में क्या चल रहा है। मुझे एक समय याद है जब मैंने अपने बेटे, जेक से उसके स्कूल के दिन के बारे में अधिक सहज, आराम से पूछना शुरू किया। मैंने पाया कि जब दबाव कम होता है तो वह अधिक आसानी से खुल जाता है। इस अनौपचारिक बातचीत ने मुझे यह पता लगाने में मदद की कि वह अपने दोस्तों के समूह से अलग-थलग महसूस कर रहा था, ऐसा कुछ जो उसने पहले कभी साझा नहीं किया था। बच्चों को खुद को अभिव्यक्त करने के लिए प्रोत्साहित करने से उनके व्यवहार में सूक्ष्म बदलावों को समझने का द्वार खुलता है।

इसके अलावा, अपने बच्चे के शौक और रुचियों में व्यस्त रहना उनके भावनात्मक स्वास्थ्य के बारे में जानकारी प्रदान कर सकता है। चाहे वह उनका पसंदीदा खेल हो या कोई नई पुस्तक श्रृंखला, इन गतिविधियों में उपस्थित रहना यह बता सकता है कि उन्हें किस चीज़ में दिलचस्पी है या उन्हें क्या परेशान कर रहा है। अगर आपका बच्चा अचानक किसी ऐसी चीज़ में रुचि खो देता है जिसे वह पहले पसंद करता था, तो यह एक ऐसा संकेत हो सकता है जिसे आप अनदेखा नहीं कर सकते। इन परिवर्तनों को पहचानना सीखना और उनके बारे में बातचीत करने से न कतराना उनकी सुरक्षा सुनिश्चित करने में महत्वपूर्ण उपकरण के रूप में काम कर सकता है। इन संकेतों पर नज़र रखना और खुले संचार को

बढ़ावा देना न केवल आपके बंधन को मजबूत करता है बल्कि किसी भी मुश्किल समय से एक साथ निकलने में भी आपकी मदद कर सकता है।

1.3 जागरूकता का महत्व

अपने बच्चे को सुरक्षित रखने के लिए नवीनतम खतरों के बारे में जानकारी रखना बहुत ज़रूरी है क्योंकि दुनिया लगातार बदल रही है। ऑनलाइन शिकारियों से लेकर बच्चों के बीच फैल रहे असुरक्षित रुझानों तक, हर दिन नए खतरे सामने आते दिखते हैं। मुझे एक समय याद है जब मेरे दोस्त के बच्चे को एक गंभीर जोखिम का सामना करना पड़ा था, और यह सब कुछ ऐसी चीज़ से शुरू हुआ जो मासूम लगती थी - एक ऐसा दिखने वाला हानिरहित ऐप जो लोकप्रिय हो रहा था। जोखिमों के बारे में जाने बिना, कई माता-पिता अपने बच्चों को इसे डाउनलोड करने देते हैं, यह सोचकर कि यह सिर्फ़ एक मज़ेदार टूल है। हालाँकि, मैंने संभावित खतरों के बारे में लेख पढ़े थे और शोध करने के लिए समय निकाला। अपने दोस्त के साथ यह जानकारी साझा करके, हम तेज़ी से कार्रवाई करने और उसके बच्चे के साथ सुरक्षित ऑनलाइन व्यवहारों के बारे में एक महत्वपूर्ण बातचीत करने में सक्षम हुए। वर्तमान घटनाओं और रुझानों के साथ बने रहना सिर्फ़ जागरूकता के बारे में नहीं है; यह सशक्तिकरण और सुरक्षा के बारे में है।

उस समय, मेरी दोस्त उस ज्ञान के लिए बहुत आभारी थी जिसने उसके बच्चे को मार्गदर्शन करने में मदद की। एक दिन, उसकी बेटी उसके पास आई, ऐप के बारे में उत्साहित थी, और मेरी दोस्त ने ऑनलाइन सुरक्षा के महत्व पर चर्चा करने के लिए इस अवसर का लाभ उठाया। उन्होंने इस बारे में खुलकर बातचीत की कि ऑनलाइन क्या साझा करना उचित है और किस बात से सावधान रहना चाहिए। इस सक्रिय दृष्टिकोण ने न केवल उसके बच्चे की सुरक्षा में मदद की, बल्कि उनके बंधन को भी मजबूत किया। जागरूकता न केवल उन्हें खतरे से बचाती है; यह संवादों के द्वार खोलती है जो विश्वास और समझ को बढ़ावा देती है। इस अनुभव ने मेरे दिमाग में यह पक्का कर दिया कि सूचित होना कितना शक्तिशाली हो सकता है, जो किसी ऐसी चीज़ को बदल सकता है जो विकास और जुड़ाव के लिए खतरा हो सकती थी।

हर माता-पिता को पता होना चाहिए कि जागरूकता ही माता-पिता का सबसे अच्छा दोस्त है। खतरों के परिदृश्य को समझना हमें कठिन बातचीत से निपटने और अपने बच्चों के लिए एक सुरक्षित वातावरण बनाने में सक्षम बनाता है। उनके द्वारा उपयोग किए जाने वाले ऐप्स पर नज़र रखें, उनकी रुचियों में शामिल रहें और खुली चर्चाओं को प्रोत्साहित करें। जागरूक और शामिल होने से, आप न केवल उन्हें संभावित चोट से बचा रहे हैं; आप उन्हें खुद की सुरक्षा करना सिखा रहे

हैं। याद रखें, ज्ञान केवल शक्ति नहीं है; यह उनके जीवन में लचीलापन और सुरक्षा विकसित करने का एक महत्वपूर्ण साधन है। आज से ही हर हफ़्ते समय निकालकर नई तकनीकों या रुझानों के बारे में जानें और अपने बच्चों के साथ उनके बारे में चर्चा करें। ऐसे छोटे-छोटे कदम बहुत बड़ा बदलाव लाते हैं।

अध्याय 2. एक मजबूत नींव का निर्माण

2.1 खुले संचार को बढ़ावा देना

ऐसा माहौल बनाना ज़रूरी है जहाँ बच्चे खुद को अभिव्यक्त करने में सुरक्षित महसूस करें। एक अभिभावक के तौर पर अपने अनुभव से मैंने सीखा है कि घर पर हम जो माहौल देते हैं, उसका बच्चों के विचारों और भावनाओं के बारे में खुलेपन पर बहुत ज़्यादा असर पड़ता है। मुझे एक शाम याद है जब मेरी बेटी स्कूल से लौटी और मुझे लगा कि कुछ गड़बड़ है। उसके खुलकर बोलने का इंतज़ार करने के बजाय, मैंने एक आरामदायक जगह बनाने का फैसला किया। मैंने उसका पसंदीदा नाश्ता बनाया, लिविंग रूम में उसके साथ बैठ गई और ध्यान भटकाने वाली चीज़ें बंद कर दीं। मैंने उसे अपनी बातें साझा करने के लिए मजबूर नहीं किया, बल्कि उसे यह एहसास दिलाया कि मैं उसके लिए हमेशा मौजूद हूँ, जब भी वह सहज महसूस करे, सुनने के लिए तैयार हूँ। समय के साथ, उसने ज़्यादा साझा करना शुरू कर दिया क्योंकि उसे पता था कि यह एक ऐसा क्षेत्र है जहाँ उसकी भावनाएँ मायने रखती हैं।

अपने बच्चे को अपनी भावनाओं और अनुभवों के बारे में खुलकर बात करने के लिए प्रोत्साहित करने की तकनीकें बहुत फर्क ला सकती हैं। मैंने पाया कि एक प्रभावी तरीका है

खुले-आम सवाल पूछना, जिसके लिए हां या ना से ज़्यादा जवाब की ज़रूरत होती है। उदाहरण के लिए, यह पूछने के बजाय कि, क्या आपका दिन अच्छा रहा? मैंने पूछना शुरू किया, आपके दिन का सबसे अच्छा हिस्सा क्या था? इस छोटे से बदलाव ने बातचीत के रास्ते खोले जिससे उसकी भावनाओं के बारे में बहुत कुछ पता चला। एक और तकनीक है अपनी भावनाओं और अनुभवों को साझा करना। अगर मेरा दिन मुश्किल रहा, तो मैं इसे ईमानदारी से व्यक्त करूंगा, जिससे न केवल यह पता चलेगा कि साझा करना ठीक है, बल्कि उसे यह भी पता चलेगा कि हर किसी के जीवन में उतार-चढ़ाव आते हैं। बिना किसी बाधा के सुनना, वास्तविक रुचि दिखाना और उनकी भावनाओं को मान्य करना आपके बच्चे के संवाद करने के तरीके को बदल सकता है।

इन पलों को बनाने में समय और धैर्य लग सकता है, लेकिन आप जो बीज अभी बोते हैं, वे आपके बच्चे के भविष्य के संचार के लिए एक मजबूत नींव बनेंगे। एक व्यावहारिक सुझाव यह है कि हर हफ़्ते नियमित रूप से बातचीत का समय निकालें, चाहे वह डिनर के दौरान हो या आकस्मिक सैर के दौरान। यह दिनचर्या बच्चों को यह भरोसा दिलाती है कि उनके पास साझा करने के लिए समर्पित समय है, जो उन्हें खुद को खुलकर व्यक्त करने की इच्छा का समर्थन करता है। आज से ही शुरू करें; जितना अधिक आप इस संवाद को

प्रोत्साहित करेंगे, आपका बच्चा उतना ही अधिक आत्मविश्वासी और जुड़ा हुआ महसूस करेगा।

2.2 भरोसा और आत्मविश्वास को प्रोत्साहित करना

माता-पिता और बच्चे के बीच विश्वास का बंधन बनाना उनके आत्मविश्वास को बढ़ाने के लिए मौलिक है। मुझे याद है जब मेरा बेटा, एलेक्स, स्कूल में संघर्ष कर रहा था। वह अपनी चुनौतियों के बारे में अपनी भावनाओं को साझा करने से हिचकिचा रहा था, उसे लगता था कि इससे मैं निराश हो सकता हूँ। एक दोपहर, मैंने हमारे सामान्य होमवर्क के समय उसके माथे पर शिकन और मौन तनाव देखा। उसके संघर्षों के बारे में सीधे पूछने के बजाय, मैंने अपने बचपन की एक कहानी साझा की, एक ऐसा क्षण जब मैं अभिभूत और डरा हुआ महसूस कर रहा था। इससे हमारे बीच एक खुलापन आया। जितना अधिक मैंने बिना किसी निर्णय के उसकी बात सुनी, उतना ही उसे अपनी चिंताओं को व्यक्त करने में सुरक्षित महसूस हुआ। उन क्षणों में, मुझे एक अभिभावक के रूप में भेद्यता दिखाने के महत्व का एहसास हुआ। जब बच्चे हमें खुले और भरोसेमंद के रूप में देखते हैं, तो वे हम पर अधिक भरोसा करते हैं और अपने डर और संदेहों के बारे में हमें बताने में सशक्त महसूस करते हैं।

व्यक्तिगत कहानियाँ अक्सर यह समझने का मार्ग प्रशस्त करती हैं कि कैसे भरोसा चुप्पी को रोक सकता है और लचीलापन बढ़ा सकता है। मुझे एक समय याद है जब मेरी बेटी, मिया को स्कूल में बदमाशी का सामना करना पड़ा था। वह घर आती, उसके चेहरे पर आँसू बहते, लेकिन हर बार जब मैं पूछता कि क्या हुआ, तो वह चुप हो जाती। एक शाम, उससे विवरण माँगने के बजाय, मैंने अपनी कमज़ोरियों को उजागर करते हुए, ऐसी ही परिस्थितियों का सामना करने के समय के बारे में बताया। उस रात, उसने अप्रत्याशित रूप से अपने अनुभवों के बारे में बताया। ईमानदारी के हमारे साझा क्षणों के माध्यम से मुझे एहसास हुआ कि बच्चों के लिए यह देखना कितना महत्वपूर्ण है कि उनकी भावनाएँ वैध हैं और अकेली नहीं हैं। इस तरह का भरोसा स्थापित करने से उसके लिए लचीलापन विकसित करने के लिए एक जगह बनी, उसे अपनी चुनौतियों का सामना नई ताकत के साथ करने के लिए सशक्त बनाया, यह जानते हुए कि मैं हमेशा उसके लिए मौजूद हूँ।

माता-पिता और अभिभावकों के रूप में, एक भरोसेमंद माहौल का पोषण करना परिवर्तनकारी हो सकता है। एक व्यावहारिक सुझाव सक्रिय रूप से सुनने का अभ्यास करना है। जब आपका बच्चा बोलता है, तो उसे बताएं कि आप पूरी तरह से मौजूद हैं। जो आप सुनते हैं उसे वापस प्रतिबिंबित करें और खुले-आम सवाल पूछें। यह उन्हें दिखाता है कि

उनके विचार और भावनाएँ मायने रखती हैं, जिससे गहरी बातचीत का मार्ग प्रशस्त होता है। याद रखें, जितना अधिक वे सुनेंगे, उनका आत्मविश्वास उतना ही मजबूत होगा, और दुनिया का सामना करने में वे उतने ही अधिक लचीले बनेंगे।

2.3 बच्चों को अपनी बात कहने के लिए सशक्त बनाना

बच्चों को यह सिखाना कि असहज स्थितियों के खिलाफ़ आवाज़ उठाना ठीक है, उनके विकास और भावनात्मक कल्याण के लिए ज़रूरी है। मुझे याद है कि एक दोपहर पार्क में मेरा बेटा दौड़ता हुआ मेरे पास आया, उसके चेहरे पर उत्साह और डर का मिश्रण था। उसने मुझे बताया कि बड़े बच्चों का एक समूह दूसरे बच्चे को उसके चश्मे की वजह से चिढ़ा रहा था। उस पल, मुझे एहसास हुआ कि उसके लिए यह जानना कितना महत्वपूर्ण था कि जो सही है उसके लिए खड़ा होना सिर्फ़ ठीक नहीं है, बल्कि ज़रूरी भी है। असहज स्थितियों के बारे में अपने बच्चे से बातचीत करने से उन्हें अपनी भावनाओं को समझने में मदद मिल सकती है और उन्हें खुद को व्यक्त करने का आत्मविश्वास मिल सकता है। घर पर एक खुला माहौल बनाकर इन चर्चाओं को सामान्य बनाएँ जहाँ वे अपने विचारों और भावनाओं को साझा करने में सुरक्षित महसूस करें। उन्हें अपनी आवाज़ का इस्तेमाल करने

के लिए प्रोत्साहित करें, उन्हें याद दिलाएँ कि बोलने से न सिर्फ़ उनके लिए बल्कि दूसरों के लिए भी सकारात्मक बदलाव आ सकते हैं।

विभिन्न स्थितियों में क्या कहना है, इसका अभ्यास करने के लिए भूमिका निभाने वाले परिदृश्य एक शक्तिशाली उपकरण है। मुझे याद है कि घर पर एक साधारण दृश्य सेट किया गया था, जहाँ हमने स्कूल में होने का नाटक किया था। मैंने एक ऐसे दोस्त की भूमिका निभाई जो निर्दयी था, और मेरी बेटी को जवाब देना था। पहले तो वह झिझक रही थी, उसे नहीं पता था कि अपनी भावनाओं को कैसे व्यक्त किया जाए। लेकिन अभ्यास के माध्यम से, उसने अपनी आवाज़ ढूँढ़नी शुरू कर दी। हम भूमिकाएँ बदलते थे, और खेल के प्रत्येक दौर के साथ, मैं उसका आत्मविश्वास बढ़ता हुआ देख सकता था। बच्चों को उनके शब्दों और भावनाओं के साथ प्रयोग करने के लिए सुरक्षित स्थान प्रदान करना महत्वपूर्ण है। उन्हें प्रोत्साहित करें कि जब वे बदमाशी का सामना करते हैं या असहज महसूस करते हैं, तो प्रतिक्रिया करने के विभिन्न तरीकों के बारे में सोचें। उन्हें बताएं कि अगर उन्हें यकीन नहीं है कि किसी स्थिति से अकेले कैसे निपटना है, तो मदद माँगना बिल्कुल ठीक है।

जितना अधिक हम अपने बच्चों को मुश्किल परिस्थितियों से निपटने के कौशल से लैस करेंगे, वे उतने ही अधिक सक्षम और आत्मविश्वासी बनेंगे। माता-पिता के रूप में, यह

सुनिश्चित करना हमारी ज़िम्मेदारी है कि वे बिना किसी निर्णय के डर के अपनी बात कह सकें। एक व्यावहारिक सुझाव यह है कि नियमित रूप से इन भूमिका निभाने वाले अभ्यासों में शामिल हों, वास्तविक जीवन में उनके सामने आने वाली परिस्थितियों के अनुसार परिदृश्यों को ढालें। इससे न केवल उनका आत्मविश्वास बढ़ता है बल्कि आपके बीच का रिश्ता भी मजबूत होता है क्योंकि आप दोनों एक साथ इन बातचीतों से निपटते हैं।

अध्याय 3. शिक्षित करना और जानकारी देना

3.1 सुरक्षित सीमाओं की शिक्षा देना

बच्चों को निजी स्थान और सहमति से जुड़ी सीमाओं को समझने में मदद करना उनके विकास का एक महत्वपूर्ण हिस्सा है। मुझे वह समय याद है जब मेरी बेटी लिली लगभग पाँच साल की थी। उसे हर किसी को गले लगाना बहुत पसंद था, अक्सर वह अपने गर्म आलिंगन में पूरी तरह से अजनबियों को भी शामिल कर लेती थी। हालाँकि उसके इरादे नेक थे, लेकिन यह स्पष्ट हो गया कि उसे निजी स्थान के बारे में सीखने की ज़रूरत थी। मैं उसके साथ बैठी और उसे समझाया कि जैसे उसका अपना बुलबुला है, वैसे ही दूसरों का भी अपना बुलबुला है। मैंने सरल भाषा और उपमाओं का इस्तेमाल करते हुए कहा, आपका बुलबुला आपका विशेष स्थान है। अगर कोई बहुत करीब है, तो हमें पूछना चाहिए कि क्या करीब आना ठीक है। इससे सहमति के बारे में एक सार्थक बातचीत शुरू हुई, जिससे उसे न केवल अपनी सीमाओं का सम्मान करने में मदद मिली, बल्कि दूसरों की सीमाओं को पहचानने और उनका सम्मान करने में भी मदद मिली।

व्यक्तिगत सीमाओं के महत्व को दर्शाने के लिए कहानियों और उदाहरणों का उपयोग करना इन पाठों को और भी अधिक प्रभावशाली बना सकता है। मैंने पाया कि बच्चे अक्सर कहानियों से बेहतर तरीके से जुड़ते हैं, इसलिए मैंने बेनी नाम के एक छोटे भालू की कहानी साझा की। बेनी को अपने दोस्तों के साथ खेलना बहुत पसंद था, लेकिन एक दिन, उसे पता चला कि बहुत करीब होने से उसका शर्मीला दोस्त दुखी हो जाता है। कहानी बेनी के इस एहसास के साथ शुरू हुई कि, क्या मैं तुम्हारे बगल में बैठ सकता हूँ? पूछने से सभी को अधिक सहज महसूस होता है। जब मैंने यह कहानी सुनाई, तो मैंने लिली की आँखों में चमक देखी; वह खेल के माध्यम से सीख रही थी। हमारी बात खत्म होने के बाद, हमने इस बारे में बात की कि कैसे बेनी अपने दोस्तों की जगह का सम्मान करके और अनुमति माँगकर उन्हें खुश रखने में सक्षम था। इस दृष्टिकोण ने न केवल सीमाओं की अवधारणा को मजबूत किया, बल्कि उसके युवा दिल में सहानुभूति भी पैदा की।

रोज़मर्रा की ज़िंदगी से दिलचस्प उदाहरण बनाने से पाठ और भी ज़्यादा याद रह सकता है। हमने रोल-प्लेइंग का अभ्यास किया; मैंने एक सहकर्मी होने का नाटक किया और जब मैं बहुत करीब आ गया तो उससे जवाब देने को कहा। बातचीत की इस अतिरिक्त परत ने उसे यह बताने का मौक़ा दिया कि उसे क्या असहज महसूस हो रहा है और अपनी भावनाओं को

व्यक्त करने का अभ्यास करने का मौक़ा दिया, एक ऐसा कौशल जो उन क्षणों से परे भी उसके लिए बहुत काम आएगा। एक उपयोगी सुझाव यह है कि अपने बच्चे को बातचीत में सक्रिय भागीदार बनने के लिए प्रोत्साहित करें। उनसे निजी स्थान के साथ अपने अनुभवों के बारे में पूछें। ऐसा माहौल बनाएँ जहाँ वे अपने विचारों और भावनाओं को व्यक्त करने में सुरक्षित महसूस करें, जो न केवल उन्हें सीमाओं के बारे में सिखाता है बल्कि उनके साथ आपके बंधन को भी मज़बूत करता है।

3.2 ऑनलाइन सुरक्षा को समझना

आज बच्चों के पास एक विशाल डिजिटल दुनिया तक पहुँच है जो सीखने, रचनात्मकता और जुड़ाव के लिए अनंत अवसर प्रदान करती है। हालाँकि, इन अवसरों के साथ संभावित खतरे भी आते हैं जो किसी भी माता-पिता या अभिभावक के लिए कठिन हो सकते हैं। मैंने अनगिनत घंटे बिताए हैं, कभी-कभी देर रात तक, इस बात की चिंता में कि मेरे बच्चे ऑनलाइन रहते हुए क्या देख सकते हैं। ये डर वाजिब हैं। साइबरबुलिंग और अनुचित सामग्री से लेकर ऑनलाइन शिकारियों और डेटा गोपनीयता चिंताओं तक, जोखिम भारी लग सकते हैं। सच तो यह है कि हम अपने बच्चों की जितनी भी सुरक्षा करना चाहें, वे इंटरनेट पर नेविगेट करते समय इनमें से कुछ चुनौतियों का सामना अवश्य करेंगे। महत्वपूर्ण

बात यह है कि हम उन्हें इन अनुभवों के लिए कैसे तैयार करते हैं और उनका मार्गदर्शन कैसे करते हैं। हम अपने बच्चों के साथ संवाद की खुली लाइनें स्थापित करके शुरुआत कर सकते हैं। उन्हें ऑनलाइन जो कुछ भी देखते हैं उसके बारे में बात करने, सवाल पूछने और अपनी भावनाओं को साझा करने के लिए प्रोत्साहित करें। यह सुनिश्चित करना कि वे समझें कि वे हमसे किसी भी चीज़ के साथ संपर्क कर सकते हैं - चाहे वह कुछ मज़ेदार हो, अजीब हो या डरावना हो - विश्वास बनाता है और उन्हें अनिश्चित होने पर हमारे पास आने के लिए प्रोत्साहित करता है। इसके अतिरिक्त, डिजिटल परिदृश्य के बारे में खुद को शिक्षित करने से हमें उनके सामने आने वाली चुनौतियों को समझने में मदद मिलती है। हमें उनके द्वारा उपयोग किए जाने वाले ऐप्स, उनके द्वारा खेले जाने वाले गेम और उनके द्वारा जॉइन किए जाने वाले सोशल प्लेटफॉर्म के बारे में पता होना चाहिए। यह जागरूकता हमें अधिक जानकारीपूर्ण चर्चा करने और उचित सहायता और मार्गदर्शन प्रदान करने में सक्षम बनाती है।

परिवार के लिए इंटरनेट सुरक्षा योजना बनाना एक सशक्त कदम है, जिसमें सभी शामिल होते हैं। यह योजना एक सहयोगात्मक प्रयास होनी चाहिए, जिसमें परिवार के हर सदस्य की आवाज़ हो। हमारे घर में, हम एक शाम एक बड़े कागज़ और रंगीन मार्कर लेकर बैठे, और एक सार्थक चर्चा शुरू की। हमने अपने मूल्यों और ऑनलाइन एक-दूसरे से

जिस तरह के व्यवहार की अपेक्षा करते हैं, उसके बारे में बात की। मेरे एक बच्चे ने एक खास ऐप के बारे में अपनी असहजता व्यक्त की, जबकि दूसरे ने अपने नवीनतम TikTok जुनून के बारे में बताया। इस तरह की खुली बातचीत से ऐसा माहौल बनता है, जहाँ बच्चे शामिल महसूस करते हैं और उनकी बात सुनी जाती है। हमने स्क्रीन टाइम के बारे में बुनियादी नियम बनाए, स्वीकृत ऐप्स की सूची बनाई और चर्चा की कि अगर उन्हें ऑनलाइन कुछ परेशान करने वाली चीज़ मिलती है, जैसे साइबरबुली या अनुचित सामग्री, तो उन्हें क्या करना चाहिए। महत्वपूर्ण बात यह है कि हम अपने परिवार की बदलती ज़रूरतों और प्रौद्योगिकी रुझानों के आधार पर इसे नियमित रूप से संशोधित करने के लिए सहमत हुए। हर महीने, हमारी पारिवारिक बैठकों के दौरान, हम यह देखने के लिए जाँच करते हैं कि सभी लोग योजना के बारे में कैसा महसूस करते हैं। इससे बातचीत शुरू होती है, जिससे समझ में सुधार होता है और यह पता चलता है कि हमारे बच्चे वास्तव में ऑनलाइन किस तरह की समस्याओं का सामना करते हैं। इस सक्रिय दृष्टिकोण से न केवल यह सुनिश्चित होता है कि हमारे बच्चे इंटरनेट का उपयोग सावधानी से करें, बल्कि यह भी पता चलता है कि हम उनकी परवाह करते हैं और एक परिवार के रूप में एक साथ हैं।

ऑनलाइन सुरक्षा की दुनिया में, मुख्य बात डर पैदा करना नहीं है, बल्कि लचीलापन और आलोचनात्मक सोच को

बढ़ावा देना है। यह सुरक्षा को सशक्तीकरण के साथ मिलाने, बच्चों को जिम्मेदार डिजिटल नागरिक बनना सिखाने के बारे में है। उन्हें आत्मविश्वास के साथ अपने डिजिटल परिदृश्य को नेविगेट करने में मदद करना उन्हें भविष्य के लिए तैयार करेगा। प्रत्येक सप्ताह एक साथ ऑनलाइन स्पेस का पता लगाने के लिए समय निकालना, साथ ही किसी भी विषय या मुद्दे पर चर्चा करना, सभी के लिए एक शैक्षिक अनुभव के रूप में काम कर सकता है। जिज्ञासा को प्रोत्साहित करें, गोपनीयता के महत्व के बारे में बात करें और अपने बच्चों को उनके ऑनलाइन कार्यों के निहितार्थों को समझने में मदद करें। यह दृष्टिकोण न केवल संचार की लाइनें खुली रखता है बल्कि आपके घर के भीतर सुरक्षा की संस्कृति को विकसित करता है।

3.3 स्कूल और समुदाय की भूमिका

स्कूल और समुदाय बाल सुरक्षा शिक्षा की रीढ़ हैं। मुझे याद है कि मैं अपने बेटे को एक चमकदार शरद ऋतु की सुबह स्कूल ले जा रहा था, बच्चों की हंसी से घिरा हुआ, जो अपना दिन शुरू करने के लिए दौड़ रहे थे। तब मुझे एहसास हुआ कि स्कूल का माहौल कितना रचनात्मक हो सकता है। जब

माता-पिता और शिक्षक मिलकर काम करते हैं, तो वे एक शक्तिशाली नेटवर्क बनाते हैं जो हमारे बच्चों को सुरक्षा का महत्व सिखा सकता है। स्कूल ऐसे कार्यक्रम शुरू कर सकते हैं जो न केवल बच्चों को व्यक्तिगत सुरक्षा के बारे में सिखाते हैं बल्कि सम्मान और जिम्मेदारी के मूल्यों को भी सिखाते हैं। ऐसे कार्यक्रम जिनमें आपातकालीन तैयारी और असुरक्षित स्थितियों का जवाब देने के उचित तरीकों पर पाठ शामिल हैं, बच्चों को बेहतर विकल्प चुनने के लिए सशक्त बनाते हैं। समान रूप से महत्वपूर्ण यह है कि समुदाय इन पहलों का समर्थन करने के लिए कैसे आगे आते हैं, स्थानीय कानून प्रवर्तन से लेकर सुरक्षा कार्यशालाओं की पेशकश करने वाले पड़ोस के संगठनों तक बच्चों के खेलने और सीखने के लिए सुरक्षित स्थान बनाते हैं।

एक प्रेरक उदाहरण एक छोटे से कस्बे से आता है, जहाँ स्थानीय स्कूल ने सेफ्टी फर्स्ट पहल शुरू की। उन्होंने सामुदायिक नेताओं के साथ मिलकर अग्नि सुरक्षा से लेकर इंटरनेट सुरक्षा तक हर चीज़ पर कार्यशालाएँ आयोजित कीं। माता-पिता को आमंत्रित किया गया, और साथ मिलकर हमने बच्चों को सुरक्षित वयस्कों की पहचान करने में मदद करने के लिए रणनीतियों पर चर्चा की, जिन पर वे भरोसा कर सकते हैं और जब कुछ गलत लगता है तो उसे कैसे पहचानें। कार्यक्रम का उद्देश्य केवल बच्चों को पढ़ाना ही नहीं था, बल्कि परिवारों को एक-दूसरे के करीब लाना, माता-

पिता और स्कूल के कर्मचारियों के बीच संबंध बनाना भी था। इस सामुदायिक प्रयास का हिस्सा बनना बहुत अच्छा लगा, यह जानते हुए कि हम सभी अपने बच्चों के लिए एक सुरक्षित वातावरण बनाने में निवेश कर रहे हैं। ऐसे कार्यक्रमों को कहीं भी दोहराया जा सकता है, जिससे अन्य समुदायों को सुरक्षा के बारे में सार्थक बातचीत में जुटने और शामिल होने के लिए प्रोत्साहित किया जा सके।

इन सुरक्षा कार्यक्रमों को लागू करना सामुदायिक बैठक या स्कूल असेंबली जैसी सरल चीज़ से शुरू हो सकता है। स्थानीय विशेषज्ञों को अपनी अंतर्दृष्टि साझा करने और जागरूकता बढ़ाने के लिए आमंत्रित करें। पारिवारिक रात्रियों के आयोजन पर विचार करें जिसमें व्यक्तिगत सुरक्षा पर इंटरैक्टिव प्रदर्शन या ऑनलाइन खतरों के बारे में माता-पिता के लिए कार्यशालाएँ शामिल हों। यह अविश्वसनीय है कि हमारे समुदाय में कुछ ही कदम की दूरी पर कितने संसाधन उपलब्ध हैं। हमें बातचीत जारी रखनी चाहिए और साझा ज्ञान और अनुभवों के माध्यम से एक-दूसरे का सक्रिय रूप से समर्थन करना चाहिए। याद रखें, हर छोटी कार्रवाई हमारे बच्चों के लिए सुरक्षा और सशक्तिकरण की एक बड़ी संस्कृति में योगदान देती है।

अध्याय 4. दैनिक जीवन में जागरूकता लाना

4.1 अजनबी खतरा: मूल बातें

अपने बच्चे को यह सिखाना कि संभावित रूप से खतरनाक अजनबियों को कैसे पहचानना है और उनका जवाब कैसे देना है, यह सबसे महत्वपूर्ण सबक है जो माता-पिता उन्हें दे सकते हैं। इसकी शुरुआत सरल बातचीत से होती है। अपने बच्चे से बात करें कि कौन सी बातें किसी को अजनबी बनाती हैं और उन व्यवहारों को कैसे पहचानें जो असामान्य या संदिग्ध लग सकते हैं। उदाहरण के लिए, समझाएँ कि अगर कोई अनजान व्यक्ति उनके पास आता है और मदद माँगता है या उन्हें असहज तरीके से शामिल करने की कोशिश करता है, तो यह एक खतरे की घंटी है। बच्चों के लिए यह समझना महत्वपूर्ण है कि उन्हें ना कहने और उन स्थितियों से दूर जाने का अधिकार है जो उन्हें गलत लगती हैं। उन्हें अपनी प्रवृत्ति पर भरोसा करने के लिए प्रोत्साहित करें। अभ्यास करने का एक अच्छा तरीका अलग-अलग परिदृश्यों की भूमिका निभाना है, जिससे आपका बच्चा गंभीरता से सोच सके कि वे कैसे प्रतिक्रिया देंगे। बिना डर पैदा किए, इन पाठों को नियमित रूप से दोहराना आत्मविश्वास और जागरूकता बढ़ाने में मदद करता है।

मुझे एक दिन याद है जब मेरी बेटी करीब आठ साल की थी, और हम एक स्थानीय पार्क में थे। हमने एक आदमी को देखा जो बच्चों को देखते हुए कुछ ज़्यादा ही देर से खड़ा था। मुझे बेचैनी महसूस हुई, लेकिन अपनी चिंता दिखाने और उसे डराने के बजाय, मैंने उसे एक सबक सिखाने का मौक़ा दिया। मैंने उससे पूछा, "तुम वहाँ उस आदमी के बारे में क्या सोचती हो? क्या हमें सावधान रहना चाहिए?" उसने देखा और अपनी भावनाओं के बारे में बात करना शुरू कर दिया, उसे एहसास हुआ कि कुछ उसके साथ ठीक नहीं बैठ रहा था। बाद में, जब उसने एक और अभिभावक को हमारे पास आते देखा, तो उसने तुरंत उसे किसी दोस्ताना व्यक्ति के रूप में पहचाना। यह एक छोटा सा पल था, लेकिन इसने लोगों के बारे में सुरक्षित रूप से निर्णय लेने की उसकी क्षमता को मज़बूत किया। यह छोटा सा अनुभव अजनबी खतरे के बारे में उसकी जागरूकता में एक महत्वपूर्ण निर्माण खंड बन गया।

व्यक्तिगत किस्से-कहानियों का उपयोग बच्चों की समझ को काफी हद तक बढ़ा सकता है। यह उन्हें याद दिला सकता है कि ये सबक सीखने वाले वे अकेले नहीं हैं। जब आप किसी ऐसे समय की कहानी साझा करते हैं जब आपको अपनी सहज प्रवृत्ति पर भरोसा करना पड़ा या मदद के लिए पुकारना पड़ा, तो इससे एक जुड़ाव पैदा होता है। बच्चे इन कहानियों से जुड़ सकते हैं और देख सकते हैं कि आप उन्हें जो सिद्धांत

सिखा रहे हैं, वे वास्तविक दुनिया में कैसे जीवंत होते हैं। इस विचार को पुष्ट करना कि उनकी सुरक्षा सर्वोपरि है, उन्हें अत्यधिक भयभीत महसूस किए बिना इन पाठों को गंभीरता से लेने के लिए सशक्त बना सकता है। अपने बच्चों को हमेशा याद दिलाएँ कि अगर वे कभी भी किसी भी स्थिति में असहज या अनिश्चित महसूस करते हैं, तो वे आपसे बात करें। यह स्पष्ट करें कि उनके पास एक सहायता प्रणाली है, और भावनाओं या चिंताओं को व्यक्त करना जानना उतना ही महत्वपूर्ण है जितना कि यह पहचानना कि कब कुछ गलत लगता है। सुरक्षा के बारे में निरंतर संवाद को प्रोत्साहित करना सुनिश्चित करता है कि वे सुरक्षित और भरोसेमंद महसूस करें, और यह उन्हें अप्रत्याशित के लिए तैयार करता है।

4.2 सुरक्षित वयस्क: उन्हें कैसे पहचानें

बच्चों को विश्वसनीय वयस्कों को पहचानने के लिए मार्गदर्शन करना आवश्यक है, खासकर आपातकालीन स्थितियों में। मुझे एक समय याद है जब मेरा अपना बेटा स्कूल में एक नई स्थिति के बारे में चिंतित महसूस कर रहा था। मुझे एहसास हुआ कि जब मैंने उसे सतर्क रहना

सिखाया, तो मैंने उसे यह पहचानने के लिए उपकरण नहीं दिए कि वह किससे मदद मांग सकता है। हम एक साथ बैठे, और मैंने उसे अपने जीवन में वयस्कों के बारे में सोचने के लिए प्रोत्साहित किया। हमने एक सूची बनाई: उसका शिक्षक जो हमेशा सुनता था, स्कूल काउंसलर जो गर्मजोशी से मुस्कुराता था, और उसकी चाची जिससे वह बात करने में सहज महसूस करता था। इस प्रक्रिया से गुजरने के बाद, उसने इन सुरक्षित वयस्कों को ज़रूरत के समय तत्काल संसाधन के रूप में देखना शुरू कर दिया। बच्चों के लिए यह समझना महत्वपूर्ण है कि हर वयस्क एक सुरक्षित वयस्क नहीं है, इसलिए यह स्पष्ट मानसिक मानचित्र होने से उनका आत्मविश्वास और मदद मांगने की क्षमता बढ़ सकती है जब उन्हें इसकी सबसे अधिक आवश्यकता होती है।

बच्चों को गतिविधियों में शामिल करने से उनकी समझ और भी मजबूत हो सकती है कि ये सुरक्षित व्यक्ति कौन हैं। एक गतिविधि जो मुझे विशेष रूप से प्रभावी लगी, वह थी एक सुरक्षित वयस्क कोलाज बनाना। हमने परिवार के सदस्यों, शिक्षकों, समुदाय के नेताओं और दोस्तों की तस्वीरें एकत्र कीं, जिनके साथ वह सहज महसूस करता था। इस दृश्य प्रतिनिधित्व ने न केवल विश्वास के बारे में बातचीत को बढ़ावा दिया, बल्कि उसे रचनात्मक रूप से यह व्यक्त करने का मौका भी दिया कि वह किससे जुड़ा हुआ महसूस करता है। हमने एक रोल-प्लेइंग गेम भी खेला, जिसमें वह उन

परिदृश्यों का अभिनय कर सकता था, जिनमें उसे मदद की आवश्यकता हो सकती है, अभ्यास करते हुए कि वह क्या कहेगा और वह इन भरोसेमंद वयस्कों से कैसे संपर्क करेगा। इन चंचल बातचीत के माध्यम से, उसने एक स्पष्ट समझ विकसित की कि वह किस पर भरोसा कर सकता है और उन तक पहुँचने में अधिक सहज महसूस करता है। इस तरह की गतिविधियाँ बच्चों में सुरक्षा की भावना ला सकती हैं, उन्हें यह बताती हैं कि वे अकेले नहीं हैं और उनके पास विश्वसनीय सहायता उपलब्ध है।

जैसे-जैसे हम साथ-साथ इस यात्रा पर आगे बढ़े, मैंने सीखा कि इन अवधारणाओं को सक्रिय रूप से सुदृढ़ करने से बच्चे की सुरक्षा की भावना पर महत्वपूर्ण प्रभाव पड़ सकता है। यह केवल भरोसेमंद वयस्कों की पहचान करने के बारे में नहीं है; यह एक संवाद बनाने के बारे में है जहाँ बच्चे मदद के लिए आगे आने में सक्षम महसूस करते हैं। एक व्यावहारिक सुझाव यह है कि अपने बच्चे से नियमित रूप से उनके जीवन में वयस्कों के प्रति उनकी भावनाओं के बारे में पूछें। इस तरह के सवाल पूछें, अगर आपको कोई समस्या हो तो आप किससे बात कर सकते हैं? या क्या कोई शिक्षक है जिस पर आप भरोसा करते हैं? खुले संचार को प्रोत्साहित करें ताकि वे अपनी किसी भी चिंता पर चर्चा करने में सहज महसूस करें। इस तरह, आप एक ऐसा माहौल बना सकते हैं जहाँ बच्चे

जानते हैं कि उनके पास सुरक्षित वयस्क हैं, जो ज़रूरत के समय उनका साथ देने के लिए तैयार हैं।

4.3 शारीरिक स्वायत्तता और उसका महत्व

शारीरिक स्वायत्तता का मतलब है बच्चों को अपने शरीर को समझने और उसका सम्मान करने के लिए सशक्त बनाना। इसका मतलब है कि उन्हें यह व्यक्त करने की अनुमति देना कि उन्हें क्या सहज लगता है और क्या नहीं, उन्हें यह सिखाना कि उनका अपने शरीर पर नियंत्रण है। एक अभिभावक के रूप में, मैंने यह सबक बहुत पहले ही सीख लिया था। जब मेरी बेटी तीन साल की थी, तो वह अक्सर गले लगने से कतराती थी, यहाँ तक कि परिवार के सदस्यों से भी। शुरू में, मुझे चिंता हुई, यह सोचकर कि वह अमित्र या अलग-थलग हो रही है। हालाँकि, कुछ विचार-विमर्श के बाद, मुझे एहसास हुआ कि उसकी भावनाओं का सम्मान करना महत्वपूर्ण था। मैंने उसके पास जाकर धीरे से कहा, अगर तुम नहीं चाहती हो तो तुम्हें किसी को गले लगाने की ज़रूरत नहीं है। उसकी आँखें समझ से चमक उठीं, और बस ऐसे ही, वह सशक्त महसूस करने लगी। बच्चों को यह सिखाना कि उनके शरीर पर उनका नियंत्रण है, उनमें आत्मविश्वास और खुद के प्रति और दूसरों के प्रति सम्मान पैदा करता है। यह स्वस्थ सीमाओं के लिए आधार तैयार करता है, जो उनके बड़े होने और दुनिया के साथ बातचीत करने के लिए आवश्यक है।

वास्तविक जीवन की कहानियाँ शरीर की स्वायत्तता को जल्दी सिखाने के लाभों को उजागर करती हैं। एक माँ जिसे मैं जानती हूँ, उसने अपने बेटे के साथ अपना अनुभव साझा किया जो अब छह साल का है। उसने मुझे एक बार के बारे में बताया जब वह खेलने के बाद परेशान होकर घर आया। उसने बताया कि एक दोस्त ने उसे गले लगाने के लिए खींच लिया था, और वह गले नहीं लगाना चाहता था। उसकी भावनाओं को खारिज करने के बजाय, उसने उसे अपनी बेचैनी व्यक्त करना सिखाने के लिए इस अवसर का उपयोग किया। उन्होंने साथ मिलकर "नहीं, धन्यवाद" और "मुझे यह पसंद नहीं है" कहने का अभ्यास किया। कुछ ही समय बाद, उसके बेटे ने आत्मविश्वास से अपने दोस्त से कहा कि वह उसे गले लगाना बंद कर दे। यह उन दोनों के लिए एक परिवर्तनकारी क्षण था, जिससे दोस्तों के बीच बेहतर संचार और आपसी सम्मान पैदा हुआ। उसके लिए यह देखना संतोषजनक था कि कैसे शरीर की स्वायत्तता को जल्दी सिखाने से एक लहर जैसा प्रभाव पड़ा ,

शरीर की स्वायत्तता सिखाने से न केवल बच्चों को अपने स्वयं के भौतिक स्थान पर नेविगेट करने में मदद मिलती है, बल्कि सम्मान की एक बड़ी संस्कृति को बढ़ावा मिलता है। हम बच्चों को विभिन्न परिस्थितियों में अपनी भावनाओं और सीमाओं को व्यक्त करने के लिए प्रोत्साहित कर सकते हैं, चाहे वे स्कूल में हों या घर पर। व्यावहारिक सुझावों में

भूमिका निभाने वाले परिदृश्य शामिल हैं जहाँ वे अपने आराम के स्तर पर जोर देने और अपनी भावनाओं को वैध मानने का अभ्यास कर सकते हैं। उन्हें विकल्प दें, जैसे कि वे गले लगाना चाहते हैं या हाई-फाइव। अंततः, लक्ष्य उन्हें आत्मविश्वासी व्यक्तियों के रूप में विकसित करने में मदद करना है जो अपने स्वयं के शरीर और दूसरों के शरीर का सम्मान करने के महत्व को समझते हैं।

अध्याय 5. प्रौद्योगिकी का बुद्धिमानी से उपयोग करना

5.1 स्क्रीन समय और उपयोग की निगरानी

स्क्रीन टाइम पर स्वस्थ सीमाएँ निर्धारित करना हमारे बच्चों के लिए स्वस्थ ऑनलाइन आदतों को बढ़ावा देने के लिए महत्वपूर्ण है। मुझे एक समय याद है जब मेरा बच्चा स्क्रीन से चिपका हुआ था, डिजिटल दुनिया में खोया हुआ था। यह देखना चिंताजनक था कि इसका उनकी नींद और सामाजिक संपर्कों पर क्या प्रभाव पड़ा। स्क्रीन टाइम के बारे में स्पष्ट सीमाएँ स्थापित करने से हमारे परिवार की गतिशीलता बदल गई। हमने एक ऐसा शेड्यूल बनाने का फैसला किया जिसमें ऑनलाइन और ऑफलाइन दोनों तरह की गतिविधियाँ शामिल हों। स्कूलवर्क, गेमिंग और पारिवारिक गतिविधियों के लिए विशिष्ट समय निर्धारित करके, हम अधिक संतुलित जीवनशैली सुनिश्चित कर सकते हैं। यह देखना सशक्त था कि मेरा बच्चा धीरे-धीरे अपने स्क्रीन टाइम का स्वामित्व ले रहा है, जिससे स्वस्थ आदतें और ज़िम्मेदारियों पर बेहतर ध्यान केंद्रित हो रहा है।

स्क्रीन के इस्तेमाल पर नज़र रखना व्यक्तिगत स्थान पर अतिक्रमण करने के बजाय एक सहयोगात्मक प्रयास की

तरह महसूस होना चाहिए। मैंने यह कठिन तरीके से सीखा जब मैंने शुरू में अपने बच्चे से संदेह के साथ संपर्क किया, वह जो कुछ भी ऑनलाइन करता है उसे जांचना चाहता था। इससे हमारे बीच दूरियाँ पैदा हो गईं। इसके बजाय, हमने इंटरनेट सुरक्षा, डिजिटल पदचिह्नों और स्वस्थ आदतों के महत्व के बारे में खुलकर बातचीत शुरू की। मैंने अपने बच्चे को ऑनलाइन जो कुछ भी पसंद है उसे साझा करने के लिए प्रोत्साहित किया, जिससे एक संबंध बना और हमारे लिए किसी भी चिंता पर चर्चा करना आसान हो गया। मैंने पाया कि साझा गतिविधियों का सुझाव देना, जैसे कि एक साथ गेम खेलना या फिल्में देखना, उस अंतर को पाटता है। यह एक निगरानी सत्र के बजाय एक मजेदार बॉन्डिंग अनुभव बन गया, जिससे हम उनके ऑनलाइन वातावरण पर सूक्ष्म रूप से नज़र रखते हुए जुड़ सकते हैं।

बच्चों को खुद की निगरानी करने के लिए प्रोत्साहित करने से उनकी जागरूकता और जिम्मेदारी में काफी वृद्धि हो सकती है। अनुभव साझा करना - जैसे कि मैं कभी-कभी काम करते समय अपना टाइमर सेट करता हूँ ताकि ध्यान केंद्रित रहे - उन्हें भी ऐसा करने के लिए प्रेरित कर सकता है। इसके अलावा, स्क्रीन टाइम लिमिट के बारे में बातचीत में उन्हें शामिल करने से जवाबदेही को बढ़ावा मिलता है। नियम लागू करने के बजाय, मैंने पूछना सीखा, "आपको क्या लगता है कि हम आपके स्क्रीन टाइम को बेहतर तरीके से कैसे

संतुलित कर सकते हैं?" यह दृष्टिकोण न केवल उनके स्थान का सम्मान करता है बल्कि उन्हें व्यक्तिगत लक्ष्यों को प्राप्त करने में आत्म-नियमन के महत्व को समझने में भी मदद करता है। इन निगरानी प्रथाओं का निर्माण विश्वास और जिम्मेदारी की भावना को पोषित करता है, जो उनके बड़े होने पर स्वस्थ तकनीक के उपयोग का मार्ग प्रशस्त करता है।

5.2 गोपनीयता सेटिंग एक साथ सेट करना

विभिन्न प्लेटफ़ॉर्म पर गोपनीयता नियंत्रण सेट करने पर अपने बच्चे के साथ सहयोग करना आप दोनों के लिए सबसे सशक्त अनुभवों में से एक हो सकता है। मुझे याद है कि पहली बार मैं अपने बेटे इवान के साथ बैठा था, जिसे उसका पहला स्मार्टफ़ोन मिल रहा था। हमने एक साथ सेटिंग्स को देखा, एक ऐसा अनुभव जिसने न केवल उसे शिक्षित किया बल्कि हमारे बंधन को भी मजबूत किया। कुछ सेटिंग्स क्यों महत्वपूर्ण थीं, यह समझाने के लिए समय निकालने से, मैं उसके दिमाग में प्रकाश बल्ब को जलते हुए देख सकता था। उसके मन में सवाल थे कि उसे यह सीमित करने की आवश्यकता क्यों है कि उसकी प्रोफ़ाइल या पोस्ट कौन देख सकता है। इसने सुरक्षा, विश्वास और उसके डिजिटल पदचिह्न के बारे में एक सार्थक बातचीत को खोल दिया। हमने सोशल मीडिया प्लेटफ़ॉर्म, गेमिंग ऐप और यहाँ तक कि मैसेजिंग सेवाओं का भी पता लगाया, इस बात पर चर्चा की

कि कौन सी जानकारी निजी है और वह किसके साथ चीज़ें साझा करने में सहज महसूस करता है। साथ में, हमने सेटिंग्स को समायोजित किया, यह सुनिश्चित करते हुए कि उसके पास इस बात पर नियंत्रण है कि कौन उसके साथ बातचीत कर सकता है और उसकी सामग्री देख सकता है

हाथों-हाथ की गतिविधियों के माध्यम से इन सेटिंग्स के महत्व को प्रदर्शित करना ज्ञानवर्धक और मज़ेदार दोनों साबित हुआ है। एक यादगार दोपहर, हमने इवान के खातों के लिए एक छोटा गोपनीयता ऑडिट सेट किया। हमने प्रत्येक ऐप को खोला और गोपनीयता सेटिंग और साझाकरण विकल्पों की समीक्षा की। इसे रोमांचक बनाने के लिए, हमने इसे एक खेल में बदल दिया, जहाँ उसने हर सेटिंग को सही ढंग से समायोजित करने के लिए अंक अर्जित किए। जब हम इन गतिविधियों से गुज़रे, तो मैं उसकी आँखों में खुशी देख सकता था जब उसने समझा कि ये नियंत्रण सीधे उसकी सुरक्षा और ऑनलाइन व्यक्तिगत स्थान को कैसे प्रभावित करते हैं। हमने काल्पनिक परिस्थितियाँ भी बनाईं - जैसे कि अगर उसे किसी ऐसे व्यक्ति से मित्रता का अनुरोध मिले जिसे वह नहीं जानता - तो उसे अपने नए ज्ञान को लागू करने में मदद करने के लिए क्या करना चाहिए। इस इंटरैक्टिव प्रारूप ने न केवल पाठों को याद रखा बल्कि डिजिटल दुनिया को सुरक्षित रूप से नेविगेट करने में उसका आत्मविश्वास भी बढ़ाया।

हमारी चर्चाओं से संबंधित उपाख्यानों का उपयोग करके संदेश को और मजबूत किया गया। मैंने डिजिटल परिदृश्य में गोपनीयता के साथ अपने स्वयं के अनुभवों को एक बच्चे के रूप में याद किया, कठिन तरीके से सीखे गए सबक के बारे में बात की। इन सत्रों के दौरान हर छोटी-छोटी खोज ने हमें करीब ला दिया, जिससे इवान को अपनी गोपनीयता के बारे में सक्रिय होने का मूल्य देखने को मिला। इसने उसे उन सेटिंग्स को लगातार जांचने के लिए प्रेरित किया, उन्हें ऐसी चीज़ के रूप में माना जिस पर नियमित ध्यान देने की आवश्यकता थी - ठीक वैसे ही जैसे बिस्तर पर जाने से पहले सामने का दरवाज़ा बंद करना। हम अपने सत्र से न केवल एक सुरक्षित ऑनलाइन उपस्थिति के साथ बल्कि हमारे बीच एक गहरी समझ के साथ भी दूर हुए। विचार करने के लिए एक व्यावहारिक सुझाव नियमित तकनीकी जांच-पड़ताल का समय निर्धारित करना है जहाँ आप एक साथ गोपनीयता सेटिंग्स पर फिर से जा सकते हैं। यह न केवल आपके बच्चे को सूचित रखता है बल्कि उनके डिजिटल जीवन में सुरक्षा के महत्व पर भी जोर देता है।

5.3 सोशल मीडिया का ज़िम्मेदाराना उपयोग सिखाना

सकारात्मक डिजिटल पदचिह्न बनाना इस समझ से शुरू होता है कि हम जो कुछ भी ऑनलाइन पोस्ट करते हैं, वह एक छाप छोड़ता है। मेरा अपना अनुभव कभी-कभी मुझे आश्चर्यचकित करता है, जैसे कि जब मैंने एक स्थानीय राजनेता के बारे में एक हल्का-फुल्का चुटकुला पोस्ट किया था। जबकि मेरा इरादा हानिरहित था, मुझे जल्दी ही एहसास हो गया कि सभी को यह मज़ेदार नहीं लगा, और टिप्पणी अनुभाग एक युद्ध का मैदान बन गया। इसने मुझे इस बात पर विचार करने का महत्व सिखाया कि हमारे शब्दों को दूसरे लोग कैसे समझ सकते हैं। मैं आपको अपने बच्चों के साथ इस बारे में खुली चर्चा करने के लिए प्रोत्साहित करता हूँ कि वे ऑनलाइन क्या साझा करते हैं, संभावित परिणाम क्या हो सकते हैं, और यह विचार कि हर विचार को सार्वजनिक मंच की आवश्यकता नहीं होती है। यह संवाद उन्हें अपने ऑनलाइन व्यवहार में जागरूकता और ज़िम्मेदारी विकसित करने में मदद कर सकता है। डिजिटल पदचिह्न की अवधारणा को समझाना महत्वपूर्ण है - प्रत्येक पोस्ट, फ़ोटो या टिप्पणी इस बारे में एक कहानी जोड़ती है कि वे कौन हैं। उन्हें इस बारे में सोचने के लिए प्रोत्साहित करें कि उनकी ऑनलाइन उपस्थिति क्या कहानी कहती है और इसे सोच-समझकर क्यूरेट करने के प्रति सचेत रहें।

सोशल मीडिया के दुरुपयोग के वास्तविक जीवन के मामलों को साझा करना एक युवा व्यक्ति की धारणा को महत्वपूर्ण

रूप से प्रभावित कर सकता है। मुझे एक किशोर के बारे में सुनना याद है जिसने एक जंगली पार्टी में अपनी एक तस्वीर पोस्ट की थी, लेकिन इस बारे में ज़्यादा नहीं सोचा था। दुर्भाग्य से, वह छवि कॉलेज के आवेदनों के दौरान फिर से सामने आई, जिसके कारण गलत निर्णय के आधार पर उसे अस्वीकार कर दिया गया। ये कहानियाँ इसलिए गूंजती हैं क्योंकि वे लापरवाह व्यवहार के वास्तविक और स्थायी परिणामों को दर्शाती हैं। बच्चों को ऐसे मामलों से सीखने के लिए प्रोत्साहित करें। उनसे यह कल्पना करने के लिए कहें कि अगर उन्होंने लापरवाही के पल में कुछ साझा किया तो उन्हें कैसा लगेगा अगर सालों बाद भी वे परेशान रहें। इन उदाहरणों पर चर्चा करके, हम इस बात पर प्रकाश डाल सकते हैं कि पोस्ट करने से पहले सोचना कितना महत्वपूर्ण है, यह सुनिश्चित करना कि कोई भी छवि या अपडेट वास्तव में दर्शाता है कि वे क्या बनना चाहते हैं।

एक जिम्मेदार ऑनलाइन उपस्थिति बनाना सिर्फ़ गलतियों से बचने से कहीं ज़्यादा है; यह सकारात्मकता को अपनाने के बारे में भी है। बच्चों को याद दिलाएँ कि सोशल मीडिया में उत्थान और प्रेरणा देने की शक्ति है। ऐसे व्यक्तियों की कहानियाँ साझा करें जिन्होंने प्लेटफ़ॉर्म का उपयोग उन कारणों की वकालत करने के लिए किया है जिनके बारे में वे भावुक हैं या महत्वपूर्ण मुद्दों पर जागरूकता बढ़ाने के लिए। ऐसा करने से उनकी आवाज़ को अच्छे के लिए इस्तेमाल

करने के बारे में चर्चाएँ शुरू हो सकती हैं और उन्हें एक सकारात्मक समुदाय बनाने में सक्रिय भागीदार बनने के लिए प्रोत्साहित किया जा सकता है। एक व्यावहारिक सुझाव के रूप में, सुझाव दें कि वे पोस्ट करने से पहले खुद से पूछें कि क्या वे जो साझा कर रहे हैं वह ऑनलाइन परिदृश्य में सकारात्मक योगदान देता है। यह आदत न केवल उनके सोशल मीडिया सफ़र का मार्गदर्शन कर सकती है बल्कि उन्हें ज़िम्मेदार निर्णय लेने के लिए सशक्त भी बना सकती है।

अध्याय 6. स्वस्थ संबंधों को प्रोत्साहित करना

6.1 स्वस्थ बनाम अस्वस्थ गतिशीलता को पहचानना

साथियों के बीच रिश्तों में स्वस्थ और अस्वस्थ गतिशीलता को समझना विकास और विकास के लिए महत्वपूर्ण है। स्वस्थ रिश्तों की विशेषता आपसी सम्मान, विश्वास और ईमानदारी है। एक स्वस्थ गतिशीलता में, व्यक्ति मूल्यवान और समर्थित महसूस करते हैं। वे उपहास या अस्वीकृति के डर के बिना अपने विचारों और भावनाओं को व्यक्त कर सकते हैं। अक्सर, ये रिश्ते हमें खुद के बेहतर संस्करण बनने में मदद करते हैं, सहानुभूति और धैर्य जैसे सकारात्मक गुणों को प्रोत्साहित करते हैं। दूसरी ओर, अस्वस्थ रिश्ते नियंत्रण, ईर्ष्या और हेरफेर प्रदर्शित करते हैं। ये असुरक्षा और आत्म-संदेह की भावनाओं को जन्म दे सकते हैं, जिससे व्यक्ति थका हुआ और दुखी महसूस कर सकता है। इन रिश्तों के संकेतों को पहचानना महत्वपूर्ण है, खासकर हमारे बच्चों और उनके दोस्तों के लिए, क्योंकि ये गतिशीलता उनकी भावनात्मक भलाई को आकार देती है।

अपने अनुभवों पर विचार करते हुए, मुझे अपनी किशोरावस्था की एक दोस्ती याद आती है। शुरू में, यह उत्थानकारी लगा; मेरा दोस्त कोई ऐसा व्यक्ति था जिसके साथ मैं अपने सपने साझा कर सकता था, और उन्होंने मुझे प्रोत्साहित किया। हालाँकि, जैसे-जैसे समय बीतता गया, मैंने देखा कि यह प्रोत्साहन सशर्त हो गया। यह केवल तभी होता था जब मैं उनके विचारों से सहमत होता था या जब मैं उनके तरीके से काम करता था। जब मैंने अपनी रुचियों का पता लगाना शुरू किया, तो दोस्ती ने एक नया मोड़ लिया। मुझे सूक्ष्म टिप्पणियाँ और तिरस्कारपूर्ण रवैये मिले, जिससे मुझे अपने विकल्पों पर सवाल उठने लगे। इस अनुभव ने मुझे सिखाया कि दोस्ती के लिए विकास को बढ़ावा देना कितना महत्वपूर्ण है, न कि इसे दबाना। अब मुझे एहसास हुआ है कि प्रतिस्पर्धा या नाराजगी के बजाय समर्थन की नींव पर बने रिश्तों को पोषित करना कितना महत्वपूर्ण है।

हम सभी के पास रिश्तों की अपनी कहानियाँ हैं जिन्होंने हमें कुछ मूल्यवान सिखाया है। माता-पिता और अभिभावकों के रूप में, हमारे पास इन सीखने के अनुभवों के माध्यम से अपने बच्चों का मार्गदर्शन करने का अनूठा अवसर है। अपनी पिछली कहानियाँ साझा करने से उन्हें यह समझने में मदद मिल सकती है कि उन्हें क्या देखना है और क्या नहीं। उन्हें यह पहचानने के लिए सशक्त बनाना महत्वपूर्ण है कि कोई रिश्ता कब उत्थान या थकावट कर रहा है। एक व्यावहारिक

सुझाव यह है कि उनकी दोस्ती के बारे में खुली बातचीत को प्रोत्साहित करें। उनसे पूछें कि उनके दोस्त उन्हें कैसा महसूस कराते हैं। इससे इस बारे में गहन चर्चा हो सकती है कि स्वस्थ गतिशीलता कैसी दिखती है और वे अपने जीवन में इस प्रकार के रिश्तों को कैसे बढ़ावा दे सकते हैं।

6.2 सहकर्मी समर्थन का महत्व

बच्चों को ऐसी दोस्ती करने के लिए प्रोत्साहित करना जो उन्हें ऊपर उठाती है और उनका समर्थन करती है, उनके भावनात्मक और सामाजिक विकास के लिए महत्वपूर्ण है। मुझे याद है जब मेरा बेटा, एथन, स्कूल में एक विशेष रूप से चुनौतीपूर्ण दौर से गुज़र रहा था। उसे कुछ बदमाशी का सामना करना पड़ा, और इसने उसके आत्मसम्मान को बहुत प्रभावित किया। एक दिन, जब मैं उसके कमरे की सफ़ाई कर रहा था, तो मुझे उसके दोस्त एलेक्स का एक नोट मिला। यह नोट प्रोत्साहन के शब्दों से भरा था और एथन को उन सभी मज़ेदार पलों की याद दिलाता था जो उन्होंने साथ बिताए थे। इसने मुझे प्रभावित किया कि दोस्ती एक सुरक्षित आश्रय के रूप में काम कर सकती है, जीवन की चुनौतियों के खिलाफ़ एक कुशन के रूप में। उन्हें ऊपर उठाने वाले साथियों के साथ संबंधों को पोषित करके, बच्चे कठिनाइयों को लचीलेपन के साथ पार करना सीखते हैं। उन्हें ऐसे दोस्तों से जुड़ने के लिए प्रोत्साहित करना ज़रूरी है जो न केवल

उनकी सफलताओं का जश्न मनाते हैं बल्कि कठिन समय में उनके साथ खड़े भी होते हैं। इस तरह, वे समर्थन का एक नेटवर्क बना सकते हैं जो उनके आत्मविश्वास और कल्याण को बढ़ाता है।

मुश्किल समय में बदलाव लाने वाली मजबूत दोस्ती की कहानियों को साझा करने से यह पता चलता है कि साथियों का समर्थन कितना शक्तिशाली हो सकता है। मुझे अपनी बेटी लिली और उसकी सबसे अच्छी दोस्त सोफिया के साथ एक दिल को छू लेने वाला वाकया याद है। एक विशेष रूप से कठिन समय के दौरान जब लिली ने अपने प्यारे पालतू जानवर को खो दिया, तो वह बहुत दुखी थी। लेकिन सोफिया ने उसे अकेले दुख में डूबने नहीं दिया। वह घर पर बनी कुकीज़ और एक विचारशील कार्ड लेकर आई और लिली के साथ बैठी, उसे बात करने दिया और उसके नुकसान का बोझ महसूस करने दिया। उस दिन, लिली को किसी ऐसे व्यक्ति का होना ज़रूरी लगा जो वास्तव में उसकी परवाह करता हो, जो उसके लिए सब कुछ छोड़ दे। इसने मुझे याद दिलाया कि ये दोस्ती सिर्फ़ मौज-मस्ती के बारे में नहीं है - ये ज़िंदगी में आने वाले उतार-चढ़ाव के समय साथ खड़े होने के बारे में भी है। जब भी मैं लिली और सोफिया को साथ देखता हूँ, तो मुझे वफ़ादार दोस्ती से मिलने वाली ताकत की याद आती है।

सहायक साथियों की मौजूदगी बच्चों के लिए बिना किसी निर्णय के डर के खुद को अभिव्यक्त करने का आधार तैयार करती है। अपने बच्चों को ऐसी दोस्ती करने के लिए प्रोत्साहित करें जो उन्हें सशक्त बनाए। उन्हें उन दोस्तों को पहचानना सिखाएँ जो उन्हें ऊपर उठाते हैं और जो शायद नहीं। उन्हें बताएं कि ऐसे रिश्तों से दूर रहना ठीक है जो उनकी ऊर्जा या आत्म-सम्मान को खत्म करते हैं। उन्हें यह समझने में मदद करें कि सच्चे दोस्त हमेशा उनके साथ रहेंगे, न केवल अच्छे समय के दौरान बल्कि खासकर मुश्किल समय के दौरान। उन्हें याद दिलाएँ कि ज़रूरत के उन क्षणों में, एक दयालु शब्द, सुनने वाला कान, या एक साथ हँसना दुनिया में बहुत बड़ा बदलाव ला सकता है। साथियों के समर्थन में न केवल व्यक्तिगत अनुभव बल्कि पूरे जीवन को बदलने की शक्ति होती है।

6.3 बच्चों में सहानुभूति को बढ़ावा देना

बच्चों को सहानुभूति का महत्व सिखाना और उन्हें दूसरों की भावनाओं को समझने में मदद करना माता-पिता और बच्चे दोनों के लिए एक परिवर्तनकारी यात्रा है। मुझे याद है कि एक बरसात की दोपहर में मैं अपनी बेटी सारा के साथ बैठा था और हमें एक छोटे लड़के की कहानी मिली जो स्कूल में नया था और अकेला महसूस करता था। हमने इस बारे में बात की कि उसे कैसा महसूस हुआ होगा और सारा की आँखें

चौड़ी हो गईं क्योंकि उसने किसी और के अनुभव के माध्यम से दुख की अवधारणा को समझा। हमने ऐसी चर्चाएँ कीं जिससे धीरे-धीरे उसे भावनाओं के बारे में अधिक जानकारी मिली। मैंने पाया कि खुले-आम सवाल पूछने से उसे अपने विचार व्यक्त करने में मदद मिली। उदाहरण के लिए, मैं पूछता था, आपको क्या लगता है कि जब कोई उसके साथ नहीं खेलता था तो उसे कैसा लगता था? इससे न केवल उसकी कल्पना शक्ति जागृत हुई बल्कि उसकी भावनात्मक अंतर्दृष्टि भी गहरी हुई। हर बार जब हम कोई कहानी पढ़ते हैं या अपने दैनिक जीवन में किसी स्थिति का सामना करते हैं, तो हम उसमें शामिल भावनाओं पर विचार करने के लिए रुकते हैं, जिससे सहानुभूति का महत्व और भी बढ़ जाता है। कहानियाँ उपकरण बन जाती हैं, मानवीय भावनाओं की जटिल ताने-बाने को दिखाती हैं, उसे दिखाती हैं कि हर मुस्कान में कहानियाँ छिपी होती हैं, ठीक वैसे ही जैसे हर भौंह में होती हैं।

सहानुभूति को बढ़ावा देने के लिए सामुदायिक सेवा को एक उपकरण के रूप में शामिल करना हमारे परिवार के लिए एक गहरा अनुभव साबित हुआ। जब हमने एक स्थानीय खाद्य बैंक में स्वयंसेवा की, तो मैंने देखा कि सारा उन परिवारों से कैसे बातचीत करती है जो संघर्ष कर रहे थे। जब वह डिब्बे पैक करने और भोजन वितरित करने में मदद कर रही थी, तो मैं उसकी आँखों में परिवर्तन देख सकता था। यह केवल देने

के कार्य के बारे में नहीं था; यह दूसरों की वास्तविकताओं से जुड़ने के बारे में था। स्वयंसेवा करते समय हमने जो बातचीत की, वह अमूल्य जीवन के सबक बन गए। उदाहरण के लिए, एक माँ से मिलने के बाद जो अपने बच्चों का भरण-पोषण करने के लिए संघर्ष कर रही थी, हमने कार से घर जाते समय उसकी हिम्मत और उसके सामने आने वाली चुनौतियों पर चर्चा की। इससे वित्तीय कठिनाइयों और परिस्थितियों के हम सभी पर अलग-अलग प्रभाव के बारे में गहन बातचीत हुई। एक साथ सामुदायिक सेवा में शामिल होने से सारा को अपने आराम क्षेत्र से बाहर निकलने और दूसरों के जूते में कदम रखने का मौका मिला, जिससे मदद करने का जुनून पैदा हुआ और वह जो है उसका हिस्सा बन गया। उन अनुभवों ने उसकी समझ को मजबूत किया कि सहानुभूति केवल एक भावना नहीं है; यह एक ऐसा कार्य है जो हम एक-दूसरे को ऊपर उठाने के लिए करते हैं।

सहानुभूति की आदतें बनाना एक सतत प्रक्रिया है। एक व्यावहारिक सुझाव जो मुझे कारगर लगा, वह है एक साथ आभार पत्रिका शुरू करना। हर हफ़्ते, हम उन अनुभवों या पलों को लिखते थे जिनके लिए हम आभारी महसूस करते थे, खास तौर पर इस बात पर ध्यान केंद्रित करते हुए कि दूसरों ने उन भावनाओं में कैसे योगदान दिया। इस सरल कार्य ने न केवल हमें अपने जीवन की सराहना करने में मदद की, बल्कि उसे यह भी पता चला कि उसके कार्य दूसरों पर कैसे

सकारात्मक प्रभाव डाल सकते हैं। समय के साथ, सारा ने अपनी कृतज्ञता को खुलकर व्यक्त करना सीखा और देखा कि कैसे सराहना दिखाने से गहरे संबंध बनते हैं, जिससे उसकी सहानुभूतिपूर्ण प्रकृति बढ़ती है। कुंजी इन पलों को लगातार पोषित करने, सहानुभूति के पाठों को आजीवन आदतों में बदलने में निहित है जो हमारे बच्चों की दुनिया की समझ को आकार देगी।

अध्याय 7. एक सहायक समुदाय का निर्माण

7.1 पड़ोसियों और दोस्तों के साथ जुड़ना

सहायक पड़ोसियों और दोस्तों का एक नेटवर्क विकसित करना बाल सुरक्षा को बढ़ाने में महत्वपूर्ण भूमिका निभाता है। मुझे याद है जब मेरे बच्चे छोटे थे, और मैं उन्हें हमारे पड़ोस में सुरक्षित रखने के विचार से अभिभूत था। एक दिन, एक पड़ोसी ने लापरवाही से बताया कि कैसे वे हमेशा एक-दूसरे के बच्चों पर नज़र रखते हैं जब वे बाहर खेलते हैं। उस साधारण बातचीत ने मेरे अंदर कुछ जगा दिया। मुझे एहसास होने लगा कि हम सिर्फ़ एक-दूसरे के बगल में नहीं रह रहे थे; हम एक ऐसा समुदाय बना सकते हैं जहाँ हर कोई एक-दूसरे की भलाई के लिए ज़िम्मेदार महसूस करे। समुदाय की मदद से, हमने एक सुरक्षा जाल बनाया जिसने हमारे बच्चों को बाहर खेलने देने पर हमारा आत्मविश्वास बढ़ाया। हम जानते थे कि वहाँ चौकस निगाहें हैं, और इससे सारा फ़र्क पड़ा।

सामुदायिक समारोहों का आयोजन संबंध बनाने और समर्थन के उस नेटवर्क को मजबूत करने का एक शानदार तरीका है। मैंने अपने पिछवाड़े में एक पॉटलक का आयोजन करने का फैसला किया। मैंने कुछ परिवारों से संपर्क किया और उन्हें

आमंत्रित किया, सभी को साझा करने के लिए एक डिश लाने के लिए प्रोत्साहित किया। यह एक मजेदार शाम में बदल गया। हमने अपने बच्चों के बारे में कहानियाँ साझा कीं और बच्चों के साथ खेलते हुए, उनकी छोटी-छोटी दोस्ती बनाते हुए पेरेंटिंग टिप्स का आदान-प्रदान किया। हमने जो हँसी और गर्मजोशी साझा की, उससे यह सुरक्षा की भावना बढ़ी कि हम इस पेरेंटिंग यात्रा में अकेले नहीं थे। हमने एक मासिक गेम नाइट भी शुरू की और यहां तक कि सप्ताहांत बारबेक्यू का भी आयोजन किया, जिससे हमें संबंध बनाने और एक सतर्क समुदाय स्थापित करने का मौका मिला। इन समारोहों ने न केवल दोस्ती के लिए बल्कि हमारे बच्चों की सुरक्षा सुनिश्चित करने वाले एक सहायक गठबंधन के लिए भी दरवाजे खोले।

इन सरल कार्यों के माध्यम से, मैंने सीखा कि पड़ोसियों और दोस्तों के साथ जुड़ना बच्चों की सुरक्षा में महत्वपूर्ण योगदान देता है। यह हमारे समुदाय के भीतर अपनेपन की भावना को मजबूत करता है, साथ ही एक दूसरे के परिवारों की देखभाल करने का सामूहिक वादा भी करता है। आप अपने पड़ोसियों से संपर्क करके शुरुआत कर सकते हैं, शायद उन्हें कॉफी के लिए आमंत्रित करें या एक छोटी सी पार्टी का आयोजन करें। ये संबंध आजीवन दोस्ती में बदल सकते हैं और आपके बच्चों के लिए एक सुरक्षित वातावरण बना सकते हैं। और याद रखें, जब सुरक्षा की बात आती है, तो यह केवल आपके

और आपके परिवार के बारे में नहीं है; यह पूरे पड़ोस को मजबूत करने के बारे में है।

7.2 सुरक्षा कार्यक्रमों के लिए स्कूलों के साथ काम करना

शैक्षिक सुरक्षा कार्यक्रमों को लागू करने के लिए स्थानीय स्कूलों के साथ सहयोग करना माता-पिता और अभिभावकों के लिए सबसे पुरस्कृत अनुभवों में से एक हो सकता है। मुझे याद है जब मेरा बच्चा अपने स्कूल में एक नई सुरक्षा पहल के बारे में उत्साहित होकर घर आया था। कार्यक्रम में कार्यशालाएँ शामिल थीं जहाँ छात्रों ने अग्नि सुरक्षा से लेकर आपातकालीन तैयारियों तक सब कुछ सीखा। इसने माता-पिता, शिक्षकों और छात्रों के बीच संचार का एक चैनल खोला, जिससे सुरक्षा के प्रति समुदाय-केंद्रित दृष्टिकोण को बढ़ावा मिला। इसमें शामिल होना उतना ही आसान था जितना कि स्कूल बोर्ड की बैठक में भाग लेना और ऐसे कार्यक्रमों के लिए अपना समर्थन व्यक्त करना। स्कूल का स्टाफ़ सुरक्षा पाठ्यक्रम को बढ़ाने के लिए माता-पिता के साथ मिलकर काम करने के लिए उत्सुक था। हमने स्वयंसेवक दिवस आयोजित किए, जहाँ माता-पिता सुरक्षा अभ्यास और सूचना सत्रों में भाग ले सकते थे। अपने बच्चे को अपने वातावरण में सुरक्षित रहने के बारे में सीखने में

सक्रिय रूप से शामिल होते हुए देखना न केवल मुझे खुशी से भर देता था बल्कि मुझे यह भी आश्वस्त करता था कि उनके पास खुद को और दूसरों को सुरक्षित रखने के लिए ज्ञान और कौशल है।

सुरक्षा पहलों को अपनाने वाले स्कूलों की सफलता की कहानियाँ बहुत हैं और दूसरों के लिए प्रेरणास्रोत का काम करती हैं। मुझे अपने शहर के एक स्कूल के बारे में सुनना याद है जिसने अपने आपातकालीन प्रोटोकॉल को नया रूप दिया और सुरक्षा जागरूकता सप्ताह बनाने के लिए अनुदान प्राप्त किया। इस सप्ताह के दौरान, छात्रों ने आपदा की तैयारी के लिए भूमिका निभाने वाले परिदृश्यों जैसी मज़ेदार लेकिन शैक्षिक गतिविधियों में भाग लिया। माता-पिता को अपडेट के बारे में जानने के लिए स्कूल के दौरे पर आमंत्रित किया गया था और वे छात्रों द्वारा दिखाई गई भागीदारी और उत्साह की डिग्री से प्रभावित हुए। स्थानीय अग्निशमन विभाग भी इसमें शामिल हुआ, जिसने अग्निशमन दल उपलब्ध कराए जिन्होंने सूचनात्मक सत्रों का नेतृत्व किया। कार्यक्रम के बाद, स्कूल ने सुरक्षा प्रथाओं के बारे में छात्रों के आत्मविश्वास में उल्लेखनीय वृद्धि की सूचना दी। यह देखना प्रेरणादायक था कि कैसे एक स्कूल बच्चों के सुरक्षा के बारे में सोचने के तरीके को बदल सकता है, संभावित चिंता को सशक्तिकरण के स्रोत में बदल सकता है।

स्कूलों के साथ मिलकर काम करने से न केवल शैक्षणिक अनुभव समृद्ध होता है, बल्कि समुदाय के भीतर स्थायी संबंध भी बनते हैं, जो हमारे बच्चों की भलाई पर केंद्रित होते हैं। एक व्यावहारिक कदम यह है कि आप अपने स्थानीय स्कूल से संपर्क करें और देखें कि आप सुरक्षा कार्यक्रमों में कैसे शामिल हो सकते हैं। चाहे वह सुरक्षा जागरूकता सप्ताह के दौरान स्वयंसेवा करना हो या पाठ्यक्रम में सुरक्षा विषयों को शामिल करने की वकालत करना हो, एक अभिभावक के रूप में आपकी आवाज़ एक महत्वपूर्ण अंतर ला सकती है। अन्य अभिभावकों के साथ सुरक्षा कार्यक्रमों पर चर्चा करने पर विचार करें, क्योंकि सामूहिक प्रयासों से अधिक महत्वपूर्ण बदलाव हो सकते हैं और अन्य स्कूलों को भी ऐसा करने के लिए प्रेरित किया जा सकता है।

7.3 स्थानीय जागरूकता कार्यक्रमों की शक्ति

बाल सुरक्षा जागरूकता पर केंद्रित सामुदायिक कार्यक्रमों का आयोजन या उनमें भाग लेना व्यक्तियों और पूरे समुदाय दोनों पर गहरा प्रभाव डालता है। मुझे याद है कि पहली बार मैं एक स्थानीय सुरक्षा मेले में शामिल हुआ था। मेरा दिल उत्साह और घबराहट के मिश्रण से धड़क रहा था। मैंने एक बूथ स्थापित करने में मदद करने के लिए स्वेच्छा से काम

किया था जो बाल सीट सुरक्षा के बारे में जानकारी प्रदान करता था। जब माता-पिता और अभिभावक इधर-उधर घूम रहे थे, तो मैंने देखा कि वे कितने व्यस्त थे, सवाल पूछ रहे थे और कहानियों का आदान-प्रदान कर रहे थे। यह महसूस करना आँखें खोलने वाला था कि हम सभी अपने बच्चों की सुरक्षा के बारे में समान चिंताएँ साझा करते हैं। प्रत्येक बातचीत सुरक्षा की संस्कृति को बढ़ावा देने में एक छोटी जीत की तरह महसूस हुई, और मैं अपने आस-पास समुदाय की भावना को बढ़ता हुआ देख सकता था। ये कार्यक्रम बाधाओं को तोड़ते हैं, जिससे हम पहुँच पाते हैं, जुड़ पाते हैं और महत्वपूर्ण ज्ञान साझा कर पाते हैं, जिसके बारे में हम अपने दैनिक जीवन में चर्चा नहीं कर सकते।

हमारे बच्चों के लिए सुरक्षित वातावरण को बढ़ावा देने में सामूहिक कार्रवाई का प्रभाव अथाह है। जब मैं उस बूथ पर खड़ा था, तो एक माँ मेरे पास आई और हमारी बातचीत के माध्यम से, हमें पता चला कि हमारे बच्चे एक ही स्कूल में पढ़ते हैं। हमने स्कूल क्षेत्र में सुरक्षा उपायों पर चर्चा शुरू की। वह साधारण आदान-प्रदान हमारे और कुछ अन्य अभिभावकों के लिए बेहतर यातायात उपायों के लिए सुझावों के साथ स्कूल बोर्ड से संपर्क करने के लिए एक संगठित प्रयास में बदल गया। हम अब केवल चिंतित अभिभावक नहीं थे; हम बदलाव के समर्थक बन गए। इसने मुझे याद दिलाया कि जब व्यक्ति एक सामान्य उद्देश्य के लिए एकजुट होते हैं

तो यह कितना शक्तिशाली होता है। साथ मिलकर, हम जोखिमों की पहचान कर सकते हैं और उन्हें संबोधित करने के लिए ठोस योजनाएँ बना सकते हैं। यह बड़ी छलांग लगाने के बारे में नहीं है; यह छोटे, प्रभावशाली बदलाव करने के बारे में है जो समय के साथ जमा होते हैं।

अध्याय 8. संदेह या घटनाओं पर प्रतिक्रिया

8.1 अपने बच्चे के व्यवहार में बदलाव को पहचानना

हर माता-पिता के जीवन में ऐसे क्षण आते हैं जब वे अपने बच्चे के साथ कुछ गलत महसूस करते हैं। अपने बच्चे के व्यवहार में तनाव या डर के संकेतों को पहचानना बहुत बड़ा बदलाव ला सकता है, और सतर्क रहना बहुत ज़रूरी है। बच्चे अपनी भावनाओं को कई तरह से व्यक्त करते हैं, जिनमें से कुछ सूक्ष्म हो सकते हैं। आप उन्हें अपने दोस्तों से दूर होते हुए, विशेष रूप से चिपके हुए या अचानक गुस्से में आते हुए देखना शुरू कर सकते हैं। पिछले हफ़्ते ही, मैंने देखा कि मेरा बेटा एलेक्स, जो आमतौर पर बहुत खुशमिजाज़ रहता है, खेलने के समय चुपचाप कोने में बैठा रहता है। यह व्यवहार उसके स्वभाव के विपरीत था, और मेरी अंतरात्मा ने मुझे बताया कि कुछ ठीक नहीं है। मैंने धीरे से उसके पास जाकर पूछा कि क्या कुछ उसे परेशान कर रहा है, और थोड़ी देर बाद, उसने स्कूल में अपने कठिन दिन के बारे में बताया। इससे मुझे एहसास हुआ कि अगर हम ध्यान से नहीं देखें तो इन संकेतों को अनदेखा करना कितना आसान है।

वास्तविक जीवन की कहानियाँ व्यवहार में होने वाले बदलावों के बारे में जागरूक होने के महत्व को उजागर करती हैं। मेरी एक प्रिय मित्र ने अपनी बेटी लिली के बारे में एक कहानी साझा की, जो स्कूल जाने के प्रति अरुचि दिखाने लगी थी। कुछ हफ़्तों तक बढ़ती अनिच्छा के बाद, उसकी माँ ने पाया कि लिली घर पर बहुत ज़्यादा चिड़चिड़ी होती जा रही थी। इसे सामान्य व्यवहार के रूप में नज़रअंदाज़ करने के बजाय, उसने इसे गंभीरता से लिया और लिली के साथ दिल से दिल की बात की। इससे उन्हें पता चला कि कुछ बच्चे उसके नए चशमे के बारे में उसे चिढ़ा रहे थे। सतर्कता के इस छोटे से कार्य ने लिली की माँ को इस मुद्दे को तुरंत संबोधित करने और लिली को अपना आत्मविश्वास वापस पाने में मदद करने में सक्षम बनाया। यह उल्लेखनीय है कि कैसे एक साधारण संवाद हमारे बच्चों की मुस्कुराहट के पीछे छिपे गहरे मुद्दों को उजागर कर सकता है।

यह समझना कि बच्चे का व्यवहार अक्सर उनकी आंतरिक स्थिति को दर्शाता है, हमें उनके साथ सक्रिय रूप से चर्चा करने के लिए प्रेरित कर सकता है। यह केवल परिवर्तनों को नोटिस करने के बारे में नहीं है, बल्कि ऐसा वातावरण बनाने के बारे में भी है जहाँ वे साझा करने में सुरक्षित महसूस करते हैं। अपनी भावनाओं को खुलकर व्यक्त करने के लिए प्रोत्साहित करना उस विश्वास को बढ़ावा दे सकता है। एक प्रभावी रणनीति एक ऐसी दिनचर्या स्थापित करना है जहाँ

आप प्रत्येक दिन के अंत में अपने बच्चे की जाँच करते हैं। उन्हें अपने दिन की न केवल खुशियों बल्कि दुखों को साझा करने का एक पल दें। इस अभ्यास के माध्यम से, आपके बंधन को मजबूत करते हुए उनके व्यवहार में सूक्ष्म बदलावों को पहचानना आसान हो जाता है। व्यवहार में होने वाले परिवर्तनों को पहचानना और उनका जवाब देना जीवन की चुनौतियों के माध्यम से उनका मार्गदर्शन करने में एक महत्वपूर्ण कदम है।

8.2 बातचीत कैसे शुरू करें

अपने बच्चे के साथ संवेदनशील विषयों पर चर्चा करने के लिए प्रभावी रणनीतियाँ स्वस्थ संचार को बढ़ावा देने के लिए आवश्यक हैं। जब मैंने पहली बार अपने किशोर से साथियों के दबाव के बारे में बात करने की ज़रूरत महसूस की, तो मुझे लगा कि मैं चिंता की लहर से घिर गया हूँ। मैं ऐसे विषय पर कैसे बात कर सकता हूँ जो न केवल महत्वपूर्ण है बल्कि ऐसा भी है जिसे वे अनदेखा कर सकते हैं? मैंने पाया कि कुंजी एक आरामदायक वातावरण बनाना था जहाँ मेरा बच्चा खुद को व्यक्त करने में सुरक्षित महसूस करे। मैंने एक ऐसा समय चुना जब हम दोनों आराम से थे, बिना किसी विकर्षण के साथ सोफे पर बैठे थे। मैंने यह स्पष्ट कर दिया कि यह एक बातचीत थी, कोई व्याख्यान नहीं। मैंने अपने स्वयं के अनुभव साझा करके शुरुआत की, जिसने उनके लिए

अपने अनुभव साझा करने का द्वार खोल दिया। भेद्यता की इस भावना ने एक गहरी, अधिक खुली चर्चा के लिए आधार तैयार किया। याद रखें, लक्ष्य बोलने से ज़्यादा सुनना और उनकी भावनाओं को मान्य करना है, यह दिखाना कि उनके अनुभव वास्तविक और महत्वपूर्ण हैं।

मुश्किल बातचीत को प्रभावी ढंग से करने के बारे में व्यक्तिगत अंतर्दृष्टि उन क्षणों से आती है, जिन्होंने मुझे एक अभिभावक के रूप में चुनौती दी है। मुझे अपनी बेटी के साथ शरीर की छवि के बारे में हुई बातचीत याद है। मैंने इसे सहायक होने के इरादे से किया था, लेकिन मुझे आश्चर्य हुआ जब उसने उन दबावों के बारे में बताया जो वह महसूस कर रही थी। उस स्थिति में, मेरे लिए रुकना और इस पर विचार करना महत्वपूर्ण था कि मैंने कैसे प्रतिक्रिया दी। उसकी भावनाओं को खारिज करने के बजाय, मैंने उसकी चिंताओं को स्वीकार किया और बताया कि कैसे सामाजिक मानक अवास्तविक हो सकते हैं। इस मान्यता ने उसे न्याय किए जाने के बजाय समझा हुआ महसूस कराया । मैंने सीखा कि यह कहना ठीक है, "मेरे पास सभी उत्तर नहीं हैं," और कभी-कभी बस वहाँ रहना और सहानुभूति दिखाना समाधान प्रदान करने से अधिक शक्तिशाली हो सकता है

8.3 चिंताओं का दस्तावेजीकरण और रिपोर्टिंग

जब मैं उन समयों के बारे में सोचता हूँ जब मैंने देखा कि कुछ ठीक नहीं था, तो मुझे एहसास होता है कि संदिग्ध व्यवहार या असामान्य घटनाओं के बारे में हमारे अवलोकनों को दर्ज करना कितना महत्वपूर्ण है। यह सिर्फ़ हमारे बच्चों की सुरक्षा के बारे में नहीं है; यह सक्रिय होने के बारे में है। हर बार जब मैंने देखा कि स्कूल के मैदान में किसी बच्चे को बहिष्कृत किया जा रहा है या उसे धमकाया जा रहा है, तो मैंने विवरणों को मानसिक रूप से नोट कर लिया। क्या कोई गवाह था? दिन का कौन सा समय था? मैंने वास्तव में क्या देखा या सुना? इन अवलोकनों को लिखना एक क्षणभंगुर विचार को कार्रवाई योग्य जानकारी में बदल सकता है जिसका महत्वपूर्ण प्रभाव हो सकता है। एक नोटबुक रखना या अपने फ़ोन पर नोट लेने वाला ऐप इस्तेमाल करना भी अमूल्य हो सकता है क्योंकि यह आपको इन क्षणों को सटीक रूप से कैप्चर करने की अनुमति देता है, यह सुनिश्चित करते हुए कि हमारे व्यस्त जीवन में संदर्भ कभी न खो जाए। यादें फीकी पड़ जाती हैं, और विशिष्ट घटनाओं को वापस संदर्भित करने में सक्षम होने से व्यवहार के पैटर्न को समझने में सहायता मिल सकती है जिन्हें संबोधित करने की आवश्यकता हो सकती है।

उचित अधिकारियों को चिंता की सूचना देने के मामले में समयबद्धता महत्वपूर्ण है। मुझे एक ऐसी स्थिति याद है, जिसमें एक शिक्षक को बदमाशी की घटना के कुछ दिनों बाद इसकी सूचना दी गई थी। उस समय तक, इसमें शामिल बच्चे पहले ही आगे बढ़ चुके थे, और प्रभावी हस्तक्षेप का अवसर हाथ से निकल चुका था। जब हम किसी चिंताजनक बात को नोटिस करते हैं, तो तुरंत कार्रवाई करने से बहुत फर्क पड़ सकता है। अगर कुछ गड़बड़ लगे, तो अपनी सहज बुद्धि पर भरोसा करें और इसकी सूचना दें। चाहे वह स्कूल काउंसलर, समुदाय के नेता या स्थानीय अधिकारियों को हो, समय पर सूचना देने से स्थिति पर वह ध्यान दिया जा सकता है, जिसके वह हकदार हैं। अपने अवलोकनों को साझा करने से बातचीत शुरू हो सकती है जो समाधान की ओर ले जाती है, जिससे सभी बच्चों के लिए एक सुरक्षित वातावरण बनता है।

दस्तावेज़ बनाने और रिपोर्ट करने में समय लगाना यह सुनिश्चित करता है कि हम अपने बच्चों के जीवन में सिर्फ़ निष्क्रिय पर्यवेक्षक न रहें। हम जो जानते हैं उसे साझा करके, हम खुद को और दूसरों को कार्रवाई करने के लिए सशक्त बनाते हैं। हर कहानी जो मैंने सुनी है कि किसी बच्चे को किसी के बोलने पर मदद मिली, मुझे माता-पिता और अभिभावकों के रूप में हमारी सामूहिक ज़िम्मेदारी की याद दिलाती है। अपनी सहज बुद्धि पर भरोसा करने में संकोच न

करें। अगर आप कुछ देखते हैं, तो कुछ कहें। अपने घर में एक सरल प्रोटोकॉल बनाने पर विचार करें, जहाँ आपके बच्चे जानते हैं कि वे अपनी चिंताओं के साथ आपके पास आ सकते हैं, और आप, बदले में, आवश्यकतानुसार दस्तावेज़ीकरण और रिपोर्ट करना चाहते हैं। यह दृष्टिकोण एक आकर्षक, सहायक तरीके से सुरक्षा और जागरूकता के बारे में निरंतर संवाद को बढ़ावा देता है।

अध्याय 9. कानून और संसाधनों की भूमिका

9.1 बाल संरक्षण कानूनों को समझना

बाल संरक्षण कानून बच्चों की सुरक्षा और भलाई सुनिश्चित करने के लिए बनाए गए हैं। ये कानून क्षेत्र के अनुसार अलग-अलग होते हैं, लेकिन उनका मुख्य उद्देश्य एक ही रहता है: माता-पिता और अभिभावकों को अपने बच्चों को नुकसान, उपेक्षा और दुर्व्यवहार से बचाने के लिए सशक्त बनाना। एक अभिभावक के रूप में, मैंने अक्सर खुद को ऐसे नियमों और सेवाओं के चक्रव्यूह में फंसा हुआ पाया है जो मुझे भारी लग सकते हैं। फिर भी, जब आप इन कानूनों के बारे में विस्तार से जानते हैं, तो वे यह बताना शुरू कर देते हैं कि वे हमारे नन्हे-मुन्नों की रक्षा कैसे करते हैं। उदाहरण के लिए, बाल दुर्व्यवहार और उपेक्षा को परिभाषित करने वाले कानून स्पष्ट रूप से यह बताने में मदद करते हैं कि हानिकारक व्यवहार क्या होता है, जिससे माता-पिता को संभावित खतरों को पहचानने और उनका जवाब देने का ज्ञान मिलता है। यह जानना कि ये कानून बच्चों की सुरक्षा के लिए सक्रिय रूप से काम कर रहे हैं, हमें अपनी पेरेंटिंग भूमिकाओं में सतर्क और सक्रिय रहने के महत्व के बारे में बताता है।

बाल संरक्षण कानूनों की खूबसूरती सिर्फ़ उनके अस्तित्व में ही नहीं है, बल्कि यह भी है कि वे हमें अभिभावकों के रूप में कैसे सशक्त बनाते हैं। मैंने इसका प्रत्यक्ष अनुभव तब किया जब एक पड़ोसी ने मेरे बच्चे के प्रति चिंताजनक व्यवहार दिखाया। यह जानते हुए कि मेरे परिवार की सुरक्षा के लिए कानून मौजूद हैं, मुझे कार्रवाई करने का अधिकार मिला। मैंने स्थानीय अधिकारियों से संपर्क किया और रिपोर्ट करने और मदद मांगने के बारे में जानकारी जुटाई। कानून ने मेरा साथ दिया और मुझे एहसास हुआ कि मैं अपने बच्चे की सुरक्षा की वकालत करने में अकेली नहीं थी। बाल सुरक्षा सेवाओं जैसे कार्यक्रम संसाधन और सहायता प्रदान करते हैं, जो हमारे बच्चों की सुरक्षा में समुदाय की भूमिका को उजागर करते हैं। जब माता-पिता स्थानीय संगठनों और कानूनी ढाँचों से जुड़ते हैं, तो हम अपने बच्चों के लिए एक सुरक्षित वातावरण बनाने की अपनी क्षमता का विस्तार करते हैं।

बाल संरक्षण कानूनों को समझना सिर्फ़ अपने अधिकारों को जानने के बारे में नहीं है; यह उनका उपयोग करके एक सुरक्षात्मक वातावरण को बढ़ावा देने के बारे में है। यह कठिन लग सकता है, लेकिन हर माता-पिता का एक ही प्राथमिक लक्ष्य होता है: यह सुनिश्चित करना कि उनका बच्चा सुरक्षित और समर्थित तरीके से बड़ा हो। मैंने पाया कि बाल सुरक्षा पर ध्यान केंद्रित करने वाले स्थानीय पेरेंटिंग समूहों और कार्यशालाओं में शामिल होना इन कानूनों के बारे

में अधिक जानने का एक शानदार तरीका हो सकता है, साथ ही ऐसे अन्य माता-पिता से जुड़ना भी जो समान चिंताएँ साझा करते हैं। वे अक्सर मूल्यवान अंतर्दृष्टि प्रदान करते हैं और ऐसे अनुभव साझा करते हैं जो बाल संरक्षण के प्रति हमारे दृष्टिकोण को मज़बूत कर सकते हैं। सामुदायिक संसाधनों के बारे में जानकारी रखना और उनसे जुड़े रहना हमें न केवल बेहतर अभिभावक बनाता है बल्कि हमारे बच्चों की भलाई के लिए वकालत भी करता है।

9.2 संसाधनों और हॉटलाइन तक पहुंच

हमारे बच्चों की सुरक्षा के लिए सही संसाधन ढूँढ़ना कभी-कभी भारी पड़ सकता है। हालाँकि, मैंने पाया है कि स्थानीय और राष्ट्रीय सहायता प्रचुर मात्रा में उपलब्ध है। जब मेरे अपने बच्चे को कठिनाइयों का सामना करना पड़ा, तो मैं भाग्यशाली था कि मुझे सामुदायिक संसाधनों तक पहुँच मिली जिसने हमें कठिन समय में मार्गदर्शन किया। स्कूलों में अक्सर परामर्श सेवाएँ होती हैं और वे आपको स्थानीय मानसिक स्वास्थ्य संसाधनों से जोड़ सकते हैं। कई शहरों में बच्चों के लिए सुरक्षित स्थान प्रदान करने के लिए समर्पित युवा संगठन भी हैं। उदाहरण के लिए, मैं अपने स्थानीय युवा केंद्र में पहुँचा, जहाँ हमें न केवल मनोरंजक गतिविधियाँ मिलीं, बल्कि सहायक कर्मचारी भी मिले जिन्हें बच्चों को उनकी भावनाओं और अनुभवों से निपटने में मदद करने के

लिए प्रशिक्षित किया गया था। इन संसाधनों के माध्यम से मैंने जो संबंध बनाए, उनसे न केवल मेरे बच्चे को मदद मिली, बल्कि हमारे परिवार के लिए एक सहायक नेटवर्क भी बना।

आपात स्थिति में, यह जानना कि किससे संपर्क करना है, बहुत फर्क डाल सकता है। ऐसे महत्वपूर्ण हॉटलाइन और संगठन हैं जो संकट में फंसे परिवारों को तत्काल सहायता प्रदान करते हैं। नेशनल सुसाइड प्रिवेंशन लाइफलाइन एक ऐसा ही संसाधन है, जो संकट में फंसे किसी भी व्यक्ति को 24/7 सहायता प्रदान करता है। एक बार घबराहट के समय मैंने इसे डायल किया और न केवल सुनने वाला एक व्यक्ति मिला, बल्कि अपनी स्थिति को संभालने के तरीके के बारे में व्यावहारिक सलाह भी मिली। इसी तरह, चाइल्डहेल्प नेशनल चाइल्ड एब्यूज हॉटलाइन किसी भी बच्चे की सुरक्षा के बारे में चिंतित व्यक्ति को मार्गदर्शन और सहायता प्रदान करती है। ये संगठन जीवन रेखाएँ हैं, जो माता-पिता और अभिभावकों को जीवन की कुछ सबसे चुनौतीपूर्ण परिस्थितियों से निपटने में मदद करने के लिए समर्पित दयालु व्यक्तियों से भरी हुई हैं। मैंने सीखा कि मदद माँगना कमज़ोरी की निशानी नहीं है, बल्कि मेरे बच्चे की सुरक्षा और भलाई सुनिश्चित करने के लिए एक ज़रूरी कदम है।

बाहर मौजूद सहायता को अपनाने के लिए साहस और जुड़ने की इच्छा की आवश्यकता होती है। हमें मदद मांगने में संकोच नहीं करना चाहिए; यह सुनिश्चित करने का एक

शक्तिशाली साधन है कि हम अपने बच्चों के लिए सबसे सुरक्षित वातावरण प्रदान करें। चाहे वह स्थानीय परिवार सेवा एजेंसियों से जुड़ना हो या ज़रूरत के समय हॉटलाइन का उपयोग करना हो, हम जो भी कदम उठाते हैं, वह हमारे बच्चों के जीवन में महत्वपूर्ण भूमिका निभाता है। मैं आपको घर पर सुरक्षित जगह पर इन संसाधनों की एक सूची बनाने के लिए प्रोत्साहित करता हूँ। बस यह जानना कि सहायता एक फ़ोन कॉल की दूरी पर है, अविश्वसनीय रूप से आश्वस्त करने वाला हो सकता है। इस ज्ञान के साथ खुद को सशक्त बनाएँ कि आप इस यात्रा में अकेले नहीं हैं।

9.3 नीतिगत परिवर्तनों की वकालत करना

माता-पिता बेहतर बाल संरक्षण नीतियों के लिए शक्तिशाली अधिवक्ता बन सकते हैं, अक्सर अपनी कहानियों और अनुभवों से ही इसकी शुरुआत कर सकते हैं। जब मैंने वकालत में अपनी यात्रा शुरू की, तो यह मेरे बच्चे की भलाई और सभी बच्चों के लिए सुरक्षित वातावरण की आवश्यकता के लिए मेरी गहरी चिंता से उपजी थी। हमारे जैसे व्यक्तिगत आवाज़ें उन नीतियों को आकार देने में महत्वपूर्ण हैं जो यह निर्धारित करती हैं कि स्कूलों और समुदायों में बच्चों के साथ कैसा व्यवहार किया जाता है। अपने व्यक्तिगत अनुभवों को साझा करके, हम न केवल जागरूकता बढ़ाते हैं, बल्कि हम सांसदों को आँकड़ों के पीछे का मानवीय चेहरा भी दिखाते

हैं। स्थानीय स्कूल बोर्डों से जुड़ना, टाउन हॉल मीटिंग में भाग लेना, या यहाँ तक कि अन्य अभिभावकों के साथ बातचीत शुरू करना भी बाहर की ओर लहरें पैदा कर सकता है - आपकी कहानी दूसरों को भी बोलने के लिए प्रेरित कर सकती है। जब हम अपनी चुनौतियों और सफलताओं को साझा करते हैं, तो हम बदलाव के लिए एक सामूहिक शक्ति के रूप में एकजुट होते हैं, एक ऐसा नेटवर्क बनाते हैं जो हमारे बच्चों की सुरक्षा के उद्देश्य से बेहतर नीतियों और प्रथाओं का समर्थन करता है।

मुझे प्रेरणा तब मिली जब मैंने पहली बार अभिभावकों के एक समूह के बारे में सुना जिन्होंने अपने स्कूल की बदमाशी नीतियों को बदलने के लिए एक साथ मिलकर काम किया। उन्होंने बैठकें आयोजित कीं, अपने बच्चों के अनुभवों के व्यक्तिगत विवरण साझा किए और बदमाशी के प्रभावों पर बोलने के लिए विशेषज्ञों को भी बुलाया। उनके लगातार प्रयासों से एक व्यापक बदमाशी विरोधी कार्यक्रम लागू हुआ जिसने कुछ ही वर्षों में घटनाओं को काफी हद तक कम कर दिया। ऐसी सफलता की कहानियाँ दुर्लभ नहीं हैं; वे हमारे चारों ओर हैं। मुझे एक और उदाहरण याद है जहाँ एक माँ ने स्कूलों में मानसिक स्वास्थ्य संसाधन प्रदान करने वाले कानून के लिए जोश से अभियान चलाया। कुछ वकालत कार्यशालाओं में भाग लेने के बाद उसके नए आत्मविश्वास ने उसे विधायकों के सामने अपनी चिंताओं को स्पष्ट रूप से

व्यक्त करने में मदद की। आखिरकार, उसकी दृढ़ता ने भुगतान किया और वह विधेयक पारित हो गया, जिससे अनगिनत छात्रों को महत्वपूर्ण सेवाएँ मिलीं जिन्हें सहायता की आवश्यकता थी। अगर हम एक साथ आते हैं, अपनी कहानियाँ साझा करते हैं और एक-दूसरे को ऊपर उठाते हैं, तो हम उन नीतियों में जबरदस्त बदलाव ला सकते हैं जो हमारे बच्चों को हर दिन प्रभावित करती हैं।

याद रखें, वकालत का मतलब हमेशा एक बड़ा इशारा नहीं होता; कभी-कभी यह छोटे, लगातार किए जाने वाले कार्य होते हैं जो महत्वपूर्ण बदलाव ला सकते हैं। अपनी चिंताओं को साझा करने वाले अन्य लोगों से जुड़कर शुरुआत करें और स्थानीय सांसदों से संपर्क करने की योजना बनाएं। पत्र लिखने से लेकर प्रतिनिधियों को बुलाने या यहां तक कि ऑनलाइन याचिका शुरू करने तक, हर छोटा कदम मायने रखता है। इन प्रयासों में, आपकी आवाज़ और आपकी कहानी आपके सबसे शक्तिशाली उपकरण हैं। जब मैं अपनी वकालत की यात्रा पर पीछे मुड़कर देखता हूं, तो मुझे एहसास होता है कि बदलाव पहले तो कठिन लगा, लेकिन मैंने जो भी कदम उठाया, उसके साथ मैं और अधिक आश्वस्त और प्रेरित होता गया। अपने दोस्तों और पड़ोसियों को भी इसमें शामिल होने के लिए प्रोत्साहित करें। आंदोलन का निर्माण एक आवाज़ से शुरू हो सकता है, लेकिन यह जल्दी ही एक कोरस में बदल सकता है जो हमारे भविष्य -

हमारे बच्चों की रक्षा करने वाले आवश्यक नीतिगत बदलावों की मांग करता है।

अध्याय 10. लचीलेपन की व्यक्तिगत कहानियाँ

10.1 विपत्ति पर विजय की कहानियाँ

ऐसे बच्चों और परिवारों की अनगिनत प्रेरक कहानियाँ हैं जिन्होंने सुरक्षा से जुड़ी चुनौतियों का सामना किया है और विजयी हुए हैं। मुझे एक विशेष परिवार याद है जो अक्सर अपराध और अनिश्चितता से घिरे पड़ोस में रहता था। स्मिथ, जैसा कि मैं उन्हें पुकारूँगा, ने कई सुरक्षा चिंताओं का सामना किया, जिसमें चोरी से लेकर उनके बच्चों के बाहर खेलने के दौरान उत्पीड़न तक शामिल था। डर के आगे झुकने के बजाय, उन्होंने कार्रवाई करने का फैसला किया। उन्होंने अपने सामने के यार्ड को एक जीवंत सामुदायिक स्थान में बदल दिया। पड़ोसियों की मदद से, उन्होंने रिश्ते बनाने और विश्वास को बढ़ावा देने के लिए सप्ताहांत बारबेक्यू का आयोजन किया। समय के साथ, उन्होंने अपने पड़ोस की निगरानी की, जिससे न केवल उनके बच्चों को बल्कि इलाके के सभी लोगों को सुरक्षा की भावना मिली। बच्चे इस नए-नए जुड़ाव और सुरक्षा की भावना के बीच पनपे। उनकी हँसी सड़कों पर गूंजती थी, जिससे खुशी और लचीलेपन की लहर पैदा होती थी जिसने दूसरों को उनके प्रयासों में शामिल होने के लिए प्रेरित किया।

ये खुशी की जीत हमें समुदाय की शक्ति और लचीलेपन के महत्व के बारे में अमूल्य सबक सिखाती है। स्मिथ की कहानी बताती है कि कैसे छोटे लेकिन शक्तिशाली कदम उठाने से महत्वपूर्ण बदलाव हो सकते हैं। प्रतिकूल परिस्थितियों का सामना करने की उनकी इच्छा ने उनके बच्चों को एकता की ताकत और डर के मारे पीछे हटने के बजाय दुनिया में कदम रखने के महत्व को दिखाया। ऐसी कहानियाँ हमें याद दिलाती हैं कि जब एक साथ मिलकर सामना किया जाता है तो कोई भी चुनौती बहुत बड़ी नहीं होती। उनकी जीत के व्यापक निहितार्थ केवल सुरक्षा से परे हैं; वे दिखाते हैं कि कैसे समुदाय अपनी सड़कों को पुनः प्राप्त कर सकते हैं और ऐसे वातावरण को बढ़ावा दे सकते हैं जहाँ सभी बच्चे सुरक्षित और मूल्यवान महसूस कर सकें। यह माता-पिता और अभिभावकों को बदलाव लाने की अपनी क्षमता को पहचानने और अपने बच्चों को चुनौतियों से ऊपर उठने के लिए सशक्त बनाने के लिए प्रोत्साहित करता है, उन्हें दिखाता है कि लचीलापन एक ऐसा गुण है जिसे वे विकसित कर सकते हैं।

विपत्तियों का सामना करते समय, हमारे लिए यह याद रखना महत्वपूर्ण है कि इन जीतों का जश्न मनाना चाहिए, चाहे वे कितनी भी छोटी क्यों न हों। समुदाय की भावना पैदा करने से न केवल हमारे बच्चों की सुरक्षा होती है, बल्कि उनकी आत्माओं का पोषण भी होता है। अपने पड़ोसियों से जुड़ने के

तरीके ढूँढ़ना, चाहे साझा भोजन, सामुदायिक कार्यक्रम या साधारण चेक-इन के माध्यम से, समर्थन का एक जाल बना सकता है जो इसमें शामिल सभी लोगों को ऊपर उठाता है। एक व्यावहारिक सुझाव यह है कि अपने पड़ोस में एक सुरक्षित स्थान पहल शुरू करें, जहाँ परिवार इकट्ठा हो सकें और सुरक्षा संबंधी चिंताओं पर चर्चा करते हुए अपने अनुभव साझा कर सकें। इससे विश्वास बनाने और रिश्तों को बढ़ावा देने का द्वार खुलता है जो माता-पिता और बच्चों दोनों को चुनौतियों पर एक साथ काबू पाने में सशक्त बनाता है।

10.2 दूसरों के अनुभवों से सीखे गए सबक

बच्चों की सुरक्षा के मुद्दों से निपटने के वास्तविक जीवन के अनुभवों से मिलने वाली मुख्य बातें अमूल्य हैं। एक शाम, मैंने एक पड़ोसी से बात की, जिसने अपने बच्चे के मॉल में खो जाने की दिल दहला देने वाली कहानी सुनाई। उसकी आवाज़ में घबराहट साफ़ झलक रही थी, जब उसने बताया कि उसे नहीं लगा था कि उसके साथ ऐसा होगा। उसने हमेशा खुद को एक चौकस माता-पिता के रूप में सोचा था, लेकिन एक पल के ध्यान भटकने पर, उसका बच्चा फिसल गया। इस अनुभव ने मुझे निरंतर जागरूकता बनाए रखने का

महत्व सिखाया, चाहे कोई जगह कितनी भी सुरक्षित क्यों न लगे। इसने सीमाएँ निर्धारित करने और बच्चों को सार्वजनिक स्थानों पर सुरक्षा के बारे में सिखाने के महत्व पर प्रकाश डाला। उस रात की हर बातचीत ने अनूठी अंतर्दृष्टि सामने लाई, जिसने मुझे बाल सुरक्षा उपायों को देखने के तरीके को आकार दिया। ऑनलाइन गेमिंग के खतरों के बारे में एक पिता को अपना अनुभव बताते हुए सुनकर मेरी आँखें भी खुल गईं। जब उसे पता चला कि उसका बेटा अजनबियों से ऑनलाइन बात कर रहा है, तो वह सक्रिय हो गया। उसने न केवल अपने बेटे को बल्कि पड़ोस के अन्य माता-पिता को भी ऑनलाइन बातचीत की निगरानी के महत्व के बारे में शिक्षित करना अपना मिशन बना लिया। ये बातचीत सिर्फ़ चेतावनी देने वाली कहानियों से कहीं बढ़कर थीं; वे सबक थे जिन्होंने मुझे कार्रवाई करने के लिए प्रेरित किया।

ये सबक माता-पिता और अभिभावकों के रूप में हमारे दृष्टिकोण को कैसे आकार दे सकते हैं, यह भी उतना ही महत्वपूर्ण है। इन वास्तविक जीवन के अनुभवों के बारे में सुनकर मुझे पेरेंटिंग के प्रति अपने दृष्टिकोण पर पुनर्विचार करने का मौका मिला। मैं अपने बच्चों के साथ सार्वजनिक और ऑनलाइन दोनों ही जगहों पर सुरक्षा के बारे में बातचीत करने में ज़्यादा सजग हो गया। उदाहरण के लिए, मेरे पड़ोसी की कहानी के बाद, मैंने एक पारिवारिक आउटिंग का आयोजन किया, जहाँ हमने अभ्यास किया कि अगर हम

अलग हो गए तो क्या करना है। उन्हें सुरक्षित स्थानों और उन वयस्कों की पहचान करना सिखाना जिन पर वे भरोसा कर सकते हैं, मुझे मानसिक शांति देता है। मैंने अपने बच्चों की इंटरनेट सुरक्षा के बारे में बातचीत शुरू करते हुए पिता की अंतर्दृष्टि को दोस्तों और परिवारों के साथ भी साझा किया। इन चर्चाओं ने हमें सामूहिक रूप से अधिक सतर्क रहने के लिए सशक्त बनाया है। माता-पिता के रूप में, हमें ऐसा माहौल बनाना चाहिए जहाँ हमारे बच्चे अपने अनुभवों और चिंताओं पर चर्चा करने में सुरक्षित महसूस करें, यह सुनिश्चित करते हुए कि वे हमेशा मार्गदर्शन और सहायता के लिए हमसे संपर्क कर सकते हैं।

10.3 आशा और उपचार: प्रेरणादायक कथाएँ

दर्दनाक अनुभवों के बाद ठीक होने और विकास की कहानियाँ अविश्वसनीय रूप से शक्तिशाली हो सकती हैं। मुझे हमारे समुदाय का एक परिवार याद है, जिसने अपनी बेटी के दुर्घटना में गंभीर रूप से घायल होने पर बहुत बड़ी चुनौतियों का सामना किया था। उसके बाद के दिन अनिश्चितता, भय और दिल के दर्द से भरे हुए थे। फिर भी उस अंधेरे के बीच, हमने देखा कि कैसे उन्होंने अपने कष्ट को

आशा की यात्रा में बदल दिया। थेरेपी और अनगिनत डॉक्टर के दौरों के माध्यम से, उन्होंने एक नई सामान्य स्थिति को जीना सीखा। उन्होंने अपनी बेटी की प्रगति के बारे में ऑनलाइन अपडेट साझा किए, अपने पोस्ट को कृतज्ञता और प्रोत्साहन से भर दिया। यह लगभग ऐसा था जैसे वे शिक्षक बन गए हों, न केवल उन लोगों के लिए जिन्होंने समान संघर्षों का सामना किया, बल्कि उन लोगों के लिए भी जो केवल ऐसे दर्द की कल्पना कर सकते थे। उनके लचीलेपन ने कई लोगों को प्रेरित किया, यह दिखाते हुए कि उपचार अक्सर एक सीधा रास्ता नहीं होता है। यह उतार-चढ़ाव, असफलताओं और जीत के साथ आता है, लेकिन अंततः, यह आत्म-सम्मान को मजबूत कर सकता है।

सामुदायिक समर्थन की ताकत इन उपचार प्रक्रियाओं में एक आवश्यक भूमिका निभाती है। जब एक ही परिवार को लंबे समय तक अस्पताल में रहने के दौरान भोजन की आवश्यकता होती है, तो पड़ोसी मदद के लिए आगे आते हैं। वे पॉटलक का आयोजन करते हैं, किराने का सामान लाते हैं, और किसी भी तरह से नैतिक समर्थन प्रदान करते हैं। मैंने देखा कि कैसे दयालुता के एक छोटे से कार्य ने दूसरों के लिए इसमें शामिल होने के लिए बाढ़ के द्वार खोल दिए, जिससे प्रोत्साहन की एक लहर पैदा हुई जिसे हमारे पूरे समुदाय में महसूस किया जा सकता था। माता-पिता और अभिभावक अक्सर संबंध की शक्ति को कम आंकते हैं।

समर्थन के प्रत्येक संदेश या सांत्वना के शब्द ने परिवार को उनके सबसे कठिन समय के दौरान टिके रहने में मदद करने में महत्वपूर्ण भूमिका निभाई। यह साझा करुणा ही है जो हमें एक साथ बांधती है - यह आशा प्रदान करती है और हमें याद दिलाती है कि हम कभी अकेले नहीं होते, यहाँ तक कि हमारे सबसे बुरे समय में भी। उपचार में, समुदाय वह जीवन रेखा हो सकती है जो हमें तब सहारा देती है जब हमें लगता है कि हम अपने दम पर आगे नहीं बढ़ सकते।

आशा और उपचार की इन कहानियों को देखने से आघात के भीतर निहित व्यक्तिगत विकास की अविश्वसनीय क्षमता का पता चलता है। एक अभिभावक या अभिभावक के रूप में, अपने स्वयं के अनुभवों को साझा करना आपके बच्चों और समान संघर्षों का सामना करने वाले अन्य लोगों को सशक्त और प्रेरित कर सकता है। भावनाओं और अनुभवों के बारे में खुली बातचीत को प्रोत्साहित करें, ऐसा माहौल बनाएँ जहाँ भेद्यता का स्वागत किया जाए। याद रखें, इन साझा कहानियों के माध्यम से हम न केवल अपने आप में बल्कि उन युवा जीवन में भी लचीलापन पैदा कर सकते हैं जिनका हम पालन-पोषण करते हैं। एक सहायक समुदाय का निर्माण करना और दूसरों के लिए आशा की किरण बनना इसमें शामिल सभी लोगों के लिए उपचार का मार्ग प्रशस्त कर सकता है। किसी और के लिए मौजूद रहना भी उपचार की ओर आपकी अपनी यात्रा में एक गहरा कदम हो सकता है।

अध्याय 11. माता-पिता और अभिभावकों के लिए स्व-देखभाल

11.1 अपनी चिंता का प्रबंधन स्वयं करें

माता-पिता के रूप में, हम अक्सर अपने बच्चों की सुरक्षा के बारे में चिंता की लहरों से जूझते हुए पाते हैं। दुनिया डराने वाली लग सकती है, और अज्ञात का डर हमारे मन की शांति को प्रभावित कर सकता है। एक रणनीति जिसने मुझे इन भावनाओं से निपटने में मदद की है, वह है उस पर ध्यान केंद्रित करना जिसे मैं नियंत्रित कर सकता हूँ। मैं खुद को याद दिलाता हूँ कि मैं अपने बच्चे के लिए सूचित रहकर और सक्रिय रहकर एक सुरक्षित वातावरण बना सकता हूँ। मैं स्थानीय सुरक्षा कार्यक्रमों पर नज़र रखता हूँ, संभावित जोखिमों के बारे में खुद को शिक्षित करता हूँ, और सबसे महत्वपूर्ण बात, मैं अपने बच्चे के साथ खुलकर संवाद करता हूँ। उन्हें सुरक्षित रहने के बारे में सिखाना हम दोनों के लिए सशक्त बनाने वाला है। एक बार एक दोस्त ने मुझसे कहा था कि चिंता करने से बुरी चीजें होने से नहीं रुकती हैं; यह केवल हमें उन पलों का आनंद लेने से रोकता है जो हमारे पास अभी हैं। यह दृष्टिकोण परिवर्तन मुक्तिदायक रहा है, जिसने मुझे अपनी चिंता को ड्राइवर की सीट पर हावी होने देने के बजाय उसे संबोधित करने में मदद की है।

माता-पिता बनने के दौरान चिंता से निपटना एक ऐसा सफ़र है जिससे मैं गहराई से जुड़ा हुआ हूँ। मुझे एक समय याद है जब मेरा बेटा स्कूल जाना शुरू कर रहा था, और उसके मुझसे दूर होने के विचार से ही चिंताओं का बवंडर शुरू हो गया था। क्या होगा अगर वह खो गया? क्या होगा अगर वह दोस्त नहीं बना पाया? मैंने उसके साथ अपनी भावनाएँ साझा करने का फ़ैसला किया। मैंने उसे बताया कि मैं कैसे चिंतित महसूस कर रहा था लेकिन ऐसी भावनाएँ होना ठीक है। मुझे आश्चर्य हुआ कि उसने अपनी घबराहट के बारे में खुलकर बताया। इस पल ने हमारे बीच विश्वास और समझ का बंधन बनाया। समय के साथ, मैंने सीखा कि अपने अनुभवों को साझा करने से न केवल मेरी चिंता कम हुई बल्कि मेरे बच्चे को अपनी भावनाओं को व्यक्त करने का अधिकार भी मिला। हमने एक दिनचर्या बनाई जिसमें हम सोने से पहले अपनी चिंताओं के बारे में बात करेंगे, चाहे वे बड़ी हों या छोटी। यह अभ्यास हमारे लिए एक सुकून देने वाली रस्म बन गया।

सही सहायता प्रणाली ढूँढ़ने से भी मेरी चिंता को प्रबंधित करने में महत्वपूर्ण भूमिका निभाई। मैंने अन्य अभिभावकों से जुड़ना, कहानियाँ साझा करना और उनके अनुभवों से सीखना शुरू किया। यह जानकर मुझे तसल्ली हुई कि मैं अकेली नहीं थी। हम अक्सर खुद को उच्च मानकों पर रखते हैं, लेकिन दूसरों को उनकी चुनौतियों के बारे में बात करते हुए

सुनने से मुझे खुद के लिए करुणा खोजने में मदद मिली। यह पहचानना कि चिंतित होना ठीक है और ज़रूरत पड़ने पर सहायता माँगना महत्वपूर्ण है। याद रखें, यह चिंता को खत्म करने के बारे में नहीं है, बल्कि इसे प्रबंधित करने के बारे में है। कुछ गहरी साँसें लेने या टहलने जाने जैसी माइंडफुलनेस की आदत बनाना मेरे लिए एक दैनिक अभ्यास बन गया है। खुद को शांत होने के उन पलों की अनुमति देना, भले ही हर दिन बस कुछ बार, एक अनुस्मारक के रूप में कार्य करता है कि मैं जो कुछ भी मेरे रास्ते में आता है उसे संभाल सकता हूँ। माता-पिता के रूप में अपनी खुद की चिंता को प्रबंधित करने की इस यात्रा को अपनाने से हमारे लिए लचीलापन और शक्ति बढ़ती है और हमारे बच्चों को मूल्यवान आजीवन कौशल सिखाते हैं।

11.2 सहायता नेटवर्क ढूँढना

एक अभिभावक के रूप में मेरी यात्रा में अन्य माता-पिता से जुड़ना सबसे परिवर्तनकारी अनुभवों में से एक रहा है। यह केवल हंसी-मजाक या सहानुभूति जताने के बारे में नहीं है; यह भावनात्मक समर्थन का एक चक्र बनाने के बारे में है जो कठिन क्षणों के दौरान आपको ऊपर उठाता है। मुझे याद है

कि मेरे पहले बच्चे के जन्म के बाद मैं बहुत अलग-थलग महसूस कर रही थी, रातों की नींद हराम हो गई थी और इस बारे में अंतहीन सवाल थे कि क्या मैं सब कुछ ठीक कर रही हूं। पार्क में अनौपचारिक बातचीत में मुझे अपने जैसे ही कई अनुभव मिले- माता-पिता अपने संघर्ष, डर और जीत को साझा कर रहे थे। उन्होंने मुझे यह महसूस करने में मदद की कि मैं अकेली नहीं थी, और उनकी अंतर्दृष्टि चुनौतियों से निपटने के लिए अमूल्य संसाधन बन गई। इन संबंधों की सुंदरता साझा ज्ञान में निहित है- डायपर बदलने, सोने के शेड्यूल और यहां तक कि नखरे को संभालने के तरीके के बारे में सुझाव जो अक्सर शुद्ध प्रेम और समझ से निकलते हैं।

स्थानीय पेरेंटिंग ग्रुप बनाना या उनसे जुड़ना इन कनेक्शनों को बढ़ावा देने का एक शक्तिशाली तरीका है। मैंने स्थानीय पेरेंटिंग ग्रुप के लिए एक साधारण फेसबुक सर्च के ज़रिए अपना समूह पाया। सलाह मांगने वाली एक झिझक भरी पोस्ट से शुरू हुई बात कॉफी मीटअप और प्लेडेट्स के निमंत्रण में बदल गई। अगर आपको नहीं पता कि कहां से शुरू करें, तो सामुदायिक केंद्रों या पुस्तकालयों पर विचार करें जो अक्सर पेरेंटिंग वर्कशॉप या चर्चाओं की मेजबानी करते हैं। कभी-कभी, आपके बच्चे के स्कूल में एक फ़्लायर भी सहायक माता-पिता के खजाने का ख़ज़ाना बन सकता है। साथ ही, तकनीक की शक्ति को कम करके नहीं आंका

जा सकता। ऐसे अनगिनत ऑनलाइन प्लेटफ़ॉर्म हैं जहाँ माता-पिता संसाधनों और अनुभवों को साझा करने के लिए एकजुट होते हैं। बस याद रखें, खुद को वहाँ पेश करना कठिन लग सकता है, लेकिन दूसरों के साथ जुड़ने की दिशा में उठाया गया हर कदम ऐसे कनेक्शन के दरवाज़े खोलता है जो उत्थान और समृद्धि दोनों हो सकते हैं।

जैसे-जैसे आप अपना समर्थन नेटवर्क खोजने की कोशिश करते हैं, याद रखें कि प्रामाणिकता महत्वपूर्ण है। अपनी सच्चाई साझा करें, दूसरों की बात सुनें और ऐसे रिश्ते बनाने के लिए खुले रहें जो जीवन रेखा बन सकें। प्रत्येक बातचीत एक ऐसा समुदाय बनाने का मौका है जहाँ हर कोई न केवल माता-पिता के रूप में बल्कि व्यक्तिगत रूप से भी फल-फूल सकता है। छोटे-छोटे कदम मायने रखते हैं, और कभी-कभी सिर्फ़ पहली सभा में शामिल होने से ऐसी दोस्ती हो सकती है जो जीवन भर चलती है। आगे बढ़ें, शामिल हों और अपनी यात्रा को साझा करने की शक्ति को कम न आँकें। आप पाएंगे कि आप जिस सहायता की तलाश कर रहे हैं वह अक्सर सिर्फ़ एक बातचीत की दूरी पर होती है, जिससे पेरेंटिंग का रास्ता थोड़ा कम अकेला और बहुत ज़्यादा फ़ायदेमंद हो जाता है।

11.3 व्यक्तिगत कल्याण को प्राथमिकता देना

खुद की देखभाल के लिए समय निकालना अक्सर असंभव लगता है, खासकर व्यस्त माता-पिता के लिए जो काम, घरेलू जिम्मेदारियों और बच्चों की मांगों को संभालते हैं। फिर भी, खुद की देखभाल करना सिर्फ़ एक विलासिता नहीं है; यह एक ज़रूरत है जो हमें रिचार्ज करने और अपने सर्वश्रेष्ठ प्रदर्शन करने की अनुमति देती है। मुझे याद है कि मेरे पहले बच्चे के जन्म के बाद पहली बार मैंने खुद के लिए कुछ पल समर्पित किए थे। मैंने एक सरल दिनचर्या बनाई: हर शाम बच्चों के सोने के बाद, मैं गर्म पानी से नहाती, कुछ मोमबत्तियाँ जलाती और शांत संगीत सुनती। उस छोटे से काम ने उन व्यस्त शामों को शांति के समय में बदल दिया। पानी ने मेरी थकी हुई मांसपेशियों को आराम दिया, संगीत ने मेरे दौड़ते विचारों को शांत किया, और थोड़ी देर के लिए, मैं बस मैं थी। मैं अब सिर्फ़ एक अभिभावक नहीं थी; मैं अपनी आत्मा को तरोताज़ा करने वाली एक व्यक्ति थी। इस रिचार्ज ने मुझे अपने बच्चों की देखभाल करने में और अधिक प्रभावी बना दिया है। दिन भर में इसी तरह के पल ढूँढ़ना, चाहे वह बाहर थोड़ी सैर करना हो या किसी अच्छी किताब का एक अध्याय पढ़ना हो, मेरे मूड और तंदुरुस्ती को बढ़ा सकता है।

माता-पिता के रूप में व्यक्तिगत विकास और सुरक्षा की यात्रा में आत्म-जागरूकता एक महत्वपूर्ण भूमिका निभाती

है। जब मैं अपनी भावनाओं, अपनी प्रतिक्रियाओं और अपने ट्रिगर्स पर चिंतन करने के लिए समय निकालता हूँ, तो मैं अपने और अपने बच्चों के लिए जो कुछ भी करने की ज़रूरत है, उसके प्रति अधिक सजग हो जाता हूँ। एक समय था जब मेरी हताशा बाहर निकल जाती थी, जिससे मेरे बच्चों के व्यवहार पर मेरी प्रतिक्रिया के बारे में पछतावा होता था। मुझे एहसास हुआ कि, जब मैं खुद को जाँचने के लिए रुकता हूँ, तो मैं चुनौतीपूर्ण क्षणों को एक स्पष्ट मानसिकता के साथ देख सकता हूँ। अपने स्वयं के तनाव, ट्रिगर्स और भावनात्मक प्रतिक्रियाओं को समझने का मतलब है कि मैं अपने बच्चों को उनके संघर्षों के दौरान बेहतर तरीके से मार्गदर्शन कर सकता हूँ। यह मुझे भावनात्मक बुद्धिमत्ता का मॉडल बनाने की अनुमति देता है, उन्हें सिखाता है कि अपनी भावनाओं को रचनात्मक रूप से कैसे व्यक्त किया जाए। मेरी जागरूकता यह पहचानने तक फैली हुई है कि खुद की देखभाल कैसे उनके कल्याण के लिए अनुकूल वातावरण का पोषण करती है। इसलिए, मानसिक विराम से लेकर आत्म-मूल्य की पुष्टि तक, अपनी खुद की जरूरतों को प्राथमिकता देना, मेरे बच्चों को प्रभावी ढंग से सुरक्षा और पोषण देने की मेरी क्षमता को सीधे प्रभावित करता है।

खुद की सही तरह से देखभाल करने से हम अपने परिवार की गतिशीलता में एक लहर जैसा प्रभाव पैदा करते हैं। जब हम स्वस्थ आदतें और सीमाएँ अपनाते हैं, तो हम अपने बच्चों को

सिखाते हैं कि उनकी भलाई भी मायने रखती है। जिस तरह मैंने अपनी रात की रस्मों को प्राथमिकता देना सीखा, मैं आपको शांति के अपने पल खुद निकालने के लिए प्रोत्साहित करता हूँ। व्यस्ततम दिनों में भी, कुछ गहरी साँसें या कृतज्ञता का एक छोटा सा पल पालन-पोषण के लिए अधिक केंद्रित दृष्टिकोण का मार्ग प्रशस्त कर सकता है। याद रखें कि खुद की देखभाल करने का मतलब यह नहीं है कि आप स्वार्थी हो रहे हैं; इसका मतलब है कि आप उन लोगों की देखभाल करने के लिए आवश्यक ऊर्जा की भरपाई कर रहे हैं जिन्हें आप प्यार करते हैं।

अध्याय 12. समस्या-समाधान कौशल को प्रोत्साहित करना

12.1 भूमिका निभाने के परिदृश्य

बच्चों को विभिन्न समस्याग्रस्त स्थितियों से निपटने के तरीके सिखाने के लिए रोल-प्लेइंग का उपयोग करना मेरे द्वारा खोजे गए सबसे प्रभावी पेरेंटिंग टूल में से एक हो सकता है। यह उन्हें किसी और के जूते में कदम रखने, विभिन्न दृष्टिकोणों को समझने और चुनौतियों का जवाब देने का अभ्यास करने का अवसर देता है। मुझे एक समय याद है जब मेरी छोटी बेटी, लिली को स्कूल में एक कठिन क्षण का सामना करना पड़ा था। उसे अपने साथियों से संपर्क करने में कठिनाई हो रही थी जो बहुत दोस्ताना नहीं थे। उसकी मदद करने के लिए, हमने एक रोल-प्लेइंग परिदृश्य बनाने का फैसला किया। हमने उसके सहपाठियों होने का नाटक किया, और मैंने उनके द्वारा प्रदर्शित विभिन्न व्यवहारों का अभिनय किया। मेरे द्वारा कही गई प्रत्येक पंक्ति के साथ, लिली ने इनकार और बहिष्कार का सामना करना सीखा। हमने इन अंतःक्रियाओं को एक साथ पूरा किया, और जब मैंने उसे अपनी भावनाओं को व्यक्त करने का आत्मविश्वास प्राप्त करते देखा तो मेरा दिल गर्व से भर गया। रोल-प्लेइंग ने न केवल उसे उन स्थितियों का सामना करने के कौशल से

लैस किया, बल्कि खुद के लिए खड़े होने और भावनाओं को उचित रूप से व्यक्त करने के बारे में एक महत्वपूर्ण सबक भी दिया।

रचनात्मक परिदृश्य बच्चों को वास्तव में व्यस्त रख सकते हैं और महत्वपूर्ण सबक को मजबूत कर सकते हैं। उनके रोज़मर्रा के अनुभवों से मेल खाने वाली कहानियाँ गढ़कर, हम उन्हें कल्पना की दुनिया में आमंत्रित करते हैं जहाँ वे वास्तविक जीवन के दांव के दबाव के बिना परिणामों और समाधानों का पता लगा सकते हैं। एक सर्दियों की शाम, मैंने अपने बच्चों को एक मज़ेदार छोटे रोल-प्लेइंग सत्र के लिए इकट्ठा किया, जो एक साधारण संघर्ष पर आधारित था जिसका वे अक्सर सामना करते थे: खिलौने साझा करना। हमने एक जादुई भूमि की कल्पना की जहाँ खिलौने जीवित थे, और दो पात्र, टिम्मी और एम्मा, दोनों एक ही सुपरहीरो एक्शन फिगर चाहते थे। जैसा कि हमने परिदृश्य का अभिनय किया, मैंने अपने बच्चों को अलग-अलग तरीकों से आने के लिए प्रोत्साहित किया जिससे टिम्मी और एम्मा अपने मतभेदों को शांतिपूर्वक हल कर सकें। जब उन्होंने व्यापार, समझौता और यहाँ तक कि सहयोग का सुझाव दिया तो उनकी हँसी से कमरा भर गया। न केवल उन्होंने साझा करने की अवधारणा को समझा, बल्कि उन्होंने समस्या-समाधान में संवाद और रचनात्मकता के मूल्य को भी

सीखा। इन क्षणों ने स्थायी यादें और वास्तविक विकासात्मक मील के पत्थर बनाए।

हर माता-पिता बच्चों को उनकी दुनिया में आगे बढ़ने के लिए उपकरण प्रदान करने के महत्व को जानते हैं। भूमिका निभाने वाले परिदृश्य हमारे नन्हे-मुन्नों को खुद को स्वतंत्र रूप से व्यक्त करने, भावनाओं का पता लगाने और निर्णय के डर के बिना महत्वपूर्ण सामाजिक कौशल का अभ्यास करने की अनुमति देते हैं। चाहे वह किसी धमकाने वाले का जवाब देना हो, भावनाओं पर विनम्रता से चर्चा करना हो, या साथियों के साथ सहयोग करना सीखना हो, इन स्थितियों को निभाने के लिए समय निकालना अमूल्य जीवन सबक दे सकता है। यदि आप अनिश्चित हैं कि कहां से शुरू करें, तो ऐसे परिदृश्यों के बारे में सोचें जो आपके बच्चे की वर्तमान चुनौतियों के साथ प्रतिध्वनित हों, और मिश्रण में थोड़ा मज़ा जोड़ने से न डरें। बच्चे स्वाभाविक अभिनेता होते हैं, और थोड़े से प्रोत्साहन के साथ, वे इन पाठों को अपना लेंगे, अक्सर अपनी अंतर्दृष्टि और रचनात्मकता से हमें आश्चर्यचकित कर देंगे।

12.2 निर्णय लेने का कौशल सिखाना

बच्चों को सूचित निर्णय लेने की प्रक्रिया के माध्यम से मार्गदर्शन करना एक बहुत बड़ा काम लग सकता है। मुझे याद है जब मेरी बेटी को एक सरल विकल्प का सामना करना पड़ा: अपने स्कूल के दोपहर के भोजन के लिए क्या पैक करना है। उसे केवल यह बताने के बजाय कि क्या शामिल करना है, मैं उसके पास बैठ गया और उसे अपने विकल्पों के बारे में सोचने के लिए कहा। साथ में, हमने पता लगाया कि उसे क्या खाना पसंद है, क्या पौष्टिक है, और उसके दोस्त आमतौर पर क्या लाते हैं। इस दृष्टिकोण ने उसे न केवल निर्णय लेने के लिए प्रेरित किया; इसने उसे अपनी प्राथमिकताओं, पोषण संबंधी आवश्यकताओं और सामाजिक प्रभावों पर विचार करने के लिए रूपरेखा प्रदान की। उसे अपने विकल्पों के परिणामों पर विचार करने के लिए प्रोत्साहित करके, मैंने उसके लिए अधिक विचारशील निर्णय लेने की नींव रखी। यह आश्चर्यजनक है कि कैसे निर्णयों में उन्हें शामिल करने का सरल कार्य, यहां तक कि छोटे-छोटे निर्णय भी, समय के साथ उनके आत्मविश्वास और स्वायत्तता का निर्माण करते हैं।

ऐसे कई निर्णय लेने के ढाँचे हैं जो आपके बच्चे को सशक्त बना सकते हैं, और मैंने पाया है कि उन्हें धीरे-धीरे पेश करना मददगार होता है। मेरे पसंदीदा में से एक "क्या-अगर" रणनीति है। मैंने शुरू में इसका इस्तेमाल तब किया जब मेरा बेटा स्कूल की फ़ुटबॉल टीम में शामिल होने से हिचकिचा

रहा था। मैंने उससे पूछा, "क्या होगा अगर तुम टीम में शामिल हो जाओ और उसे पसंद करो?" या "क्या होगा अगर तुम कोशिश नहीं करते और बाद में चाहते हो कि तुमने कोशिश की होती?" इस तरीके ने उसकी आँखें उसके विकल्पों की संभावनाओं और परिणामों के प्रति खोल दीं। उसने जल्द ही अवसर को अपनाया, और न केवल वह टीम में शामिल हो गया, बल्कि उसने इस दौरान कई बेहतरीन दोस्त भी बनाए। इस तरह से निर्णय लेने से, बच्चे पक्ष और विपक्ष को तौलना सीखते हैं, जिससे उन्हें अपने सामने मौजूद विकल्पों के बारे में गंभीरता से सोचने के लिए प्रोत्साहित किया जाता है।

यह याद रखना ज़रूरी है कि हमारे बच्चों में निर्णय लेने के कौशल को बढ़ावा देना सिर्फ़ उन्हें विकल्पों के ज़रिए मार्गदर्शन देने के बारे में नहीं है, बल्कि उन्हें अपने मूल्यों और प्राथमिकताओं को स्थापित करने के लिए उपकरण देने के बारे में भी है। मैं अक्सर उन विकल्पों को चुनने के महत्व पर ज़ोर देता हूँ जो उनके इच्छित व्यक्ति के अनुरूप हों। चाहे वह ऐसे दोस्त चुनना हो जो उन्हें उत्साहित करें या ऐसी गतिविधियाँ तय करना हो जो उन्हें खुशी और संतुष्टि प्रदान करें, ये विकल्प उनकी पहचान को आकार देते हैं। जब बच्चे यह मूल्यांकन करना सीख जाते हैं कि उनके लिए क्या महत्वपूर्ण है और उनके निर्णय उनके मूल्यों को कैसे दर्शाते हैं, तो उनके जीवन की अप्रत्याशित यात्रा में सफल होने की

संभावना अधिक होती है। अपने बच्चे को उनके विकल्पों का पता लगाने के लिए सशक्त बनाएँ, और उन्हें आत्मविश्वासी, विचारशील निर्णय लेने वाले के रूप में विकसित होते हुए देखें।

12.3 उनके निर्णय में विश्वास का निर्माण करना

अनिश्चित परिस्थितियों में बच्चों को उनकी सहज बुद्धि और निर्णय पर भरोसा करने के लिए प्रोत्साहित करना सबसे शक्तिशाली उपहारों में से एक है जो हम उन्हें दे सकते हैं। एक समय था जब मेरी बेटी, लिली, स्कूल से परेशान होकर घर आई थी। एक सहपाठी ने एक टिप्पणी की थी जिससे वह छोटी और महत्वहीन महसूस कर रही थी। एक अभिभावक के रूप में, मेरी पहली सहज प्रवृत्ति थी कि मैं बीच में कूद पड़ूँ, उसे टिप्पणी को नज़रअंदाज़ करने और अपनी ताकत पर ध्यान केंद्रित करने के लिए कहूँ। लेकिन इसके बजाय, मैंने उससे पूछा कि उस पल में उसे क्या महसूस हुआ। उसने बताया कि उसके अंतर्मन ने उसे बताया कि ऐसा कहना एक दुखदायी बात थी, और गहराई से, वह जानती थी कि उसका मूल्य किसी और के शब्दों से परिभाषित नहीं होता। उस पल में, मुझे न केवल सुनने बल्कि

अपनी अंतरात्मा की आवाज़ पर भरोसा करने के महत्व का एहसास हुआ।

व्यक्तिगत किस्से वाकई युवा आवाज़ों पर भरोसा करने के महत्व को दर्शाते हैं। कुछ समय पहले, मैंने अपने बेटे, जेक को स्कूल में एक समूह चर्चा के दौरान खड़े होते देखा। उसका एक अनूठा दृष्टिकोण था, जिस पर उसके किसी भी सहपाठी ने विचार नहीं किया था। शुरू में, मुझे थोड़ी चिंता हुई, मुझे डर था कि कहीं अलग सोचने के लिए उसका उपहास न किया जाए। फिर भी, मैंने अपनी सांस रोक ली और अच्छे के लिए आशा की। जब उसने अपने विचार साझा किए, तो मैं आश्चर्यचकित था कि कैसे कक्षा ने उसके चारों ओर इकट्ठा होकर सवाल पूछे और एक जीवंत बहस में भाग लिया। इसने न केवल उसके आत्मविश्वास को बढ़ाया, बल्कि मुझे यह भी दिखाया कि बच्चों की आवाज़ पर भरोसा करने से अविश्वसनीय परिणाम मिल सकते हैं। वे जितना हम अक्सर उन्हें श्रेय देते हैं, उससे कहीं अधिक समझदार होते हैं, और उनके विचार मानदंडों को चुनौती दे सकते हैं, गहरे संबंध बना सकते हैं और साथियों के बीच सम्मान बढ़ा सकते हैं।

बच्चों को कम उम्र से ही अपने निर्णय लेने की क्षमता विकसित करने में मदद करके, हम न केवल उन्हें जटिल परिस्थितियों का सामना करने के लिए तैयार करते हैं, बल्कि ऐसा माहौल भी बनाते हैं जहाँ वे खुद को मूल्यवान महसूस

करते हैं और उनकी बात सुनी जाती है। हमेशा उनकी भावनाओं को महत्व दें और उन्हें याद दिलाएँ कि उनकी राय मायने रखती है। जब वे बोलते हैं, तो उन्हें अपनी प्रवृत्ति पर विचार करने और अपने भीतर के कम्पास पर भरोसा करने के लिए प्रोत्साहित करें, यह जानते हुए कि दुनिया को नेविगेट करना उनकी भावनाओं और अनुभवों के बीच एक सहयोगी प्रक्रिया है। माता-पिता के लिए एक व्यावहारिक सुझाव है कि खुले संवाद के लिए एक सुरक्षित स्थान बनाएँ। विचारों और भावनाओं पर चर्चा करने के लिए हर हफ़्ते समय निकालें, अपने बच्चे को अपनी प्रवृत्ति को खुलकर साझा करने के लिए प्रोत्साहित करें। यह अभ्यास न केवल आपके बीच के बंधन को मजबूत करता है, बल्कि उनके अपने निर्णय पर उनका आत्मविश्वास भी बढ़ाता है, जिससे वे विचारशील और आत्मविश्वासी व्यक्ति बनने की राह पर आगे बढ़ते हैं।

अध्याय 13. अनुवर्ती कार्रवाई का महत्व

13.1 अपने बच्चे के साथ नियमित जांच-पड़ताल

अपने बच्चे के साथ सुरक्षा और भलाई के बारे में खुली बातचीत के लिए एक नियमित कार्यक्रम स्थापित करना विश्वास और संचार की एक ठोस नींव बना सकता है। एक अभिभावक के रूप में, मुझे एहसास है कि जीवन व्यस्त हो सकता है, और इन महत्वपूर्ण चर्चाओं के लिए समर्पित समय निकालना अक्सर नज़रअंदाज़ करना आसान होता है। जब मेरे बच्चे छोटे थे, तो मैंने हर मंगलवार शाम को, रात के खाने के बाद, हमारे "पारिवारिक सुरक्षा वार्ता" के लिए उनके साथ बैठना एक बिंदु बना लिया। इस पूर्वानुमानित दिनचर्या ने मेरे बच्चों को हमारी बातचीत का अनुमान लगाने की अनुमति दी, जिससे उनकी किसी भी चिंता को कम किया जा सके। हम व्यक्तिगत सुरक्षा, सामाजिक मुद्दों और भावनात्मक कल्याण जैसे विभिन्न विषयों पर बात करते थे। एक साथ बैठने के उस सरल कार्य ने बहुत बड़ा अंतर पैदा किया। मैंने अपने बच्चों को अपने विचार खुलकर साझा करने के लिए प्रोत्साहित किया, और मैंने बिना किसी निर्णय के सुनना सुनिश्चित किया। इस दृष्टिकोण ने उन्हें सिखाया कि उनकी

भावनाएँ वैध और महत्वपूर्ण थीं, साथ ही उन्हें संभावित स्थितियों से निपटने के लिए ज्ञान भी दिया।

चेक-इन को मज़ेदार और आकर्षक बनाना आपके बच्चे को स्वेच्छा से भाग लेने के लिए प्रोत्साहित करने के लिए ज़रूरी है। हमने ऐसा करने का एक यादगार तरीका अपने परिवार के खेलों के प्रति प्रेम को शामिल करना था। मैंने एक मज़ेदार क्विज़ गेम बनाया, जिसमें हर सवाल हमें वास्तविक जीवन के परिदृश्यों के बारे में चर्चा करने के लिए प्रेरित करता था। उदाहरण के लिए, हम ऐसे सवाल पूछते थे, "अगर आप किसी दोस्त के घर पर असुरक्षित महसूस करते हैं तो आप क्या करेंगे?" इस गेम ने न केवल बातचीत को हल्का-फुल्का बनाया, बल्कि मेरे बच्चों को सुरक्षा उपायों के बारे में गंभीरता से सोचने का अवसर भी दिया। इसके अलावा, मैं अक्सर हमारी चर्चाओं के बाद उन्हें कोई उपहार देकर सरप्राइज़ करता था, जिसका वे बेसब्री से इंतज़ार करते थे। पार्क में टहलना या साथ में खाना बनाना जैसी सरल गतिविधियाँ भी सार्थक बातचीत के अवसरों में बदल सकती हैं। बच्चे अक्सर कम औपचारिक सेटिंग में खुलते हैं, इसलिए इन पलों का बुद्धिमानी से उपयोग करने से उनके विचारों और भावनाओं के बारे में गहरी जानकारी मिल सकती है।

अपने बच्चों के साथ मज़बूत बातचीत स्थापित करने के लिए संचार के लिए एक सुरक्षित स्थान बनाना महत्वपूर्ण है। मैंने हमेशा अपने बच्चों को याद दिलाया कि कोई भी विषय

सीमा से बाहर नहीं है। इस दृष्टिकोण ने इस विचार को पुष्ट किया कि मैं उनके लिए मौजूद हूँ, चाहे कुछ भी हो। आप छोटे बच्चों को खुद को अभिव्यक्त करने के लिए प्रोत्साहित करने के लिए भावनाओं का चार्ट या रचनात्मक प्रोजेक्ट जैसे कि ड्राइंग या कहानी सुनाना जैसे उपकरणों का उपयोग करने पर विचार कर सकते हैं। याद रखें, लक्ष्य केवल जानकारी प्रदान करना नहीं है, बल्कि एक ऐसा संबंध विकसित करना है जहाँ आपका बच्चा अपने अनुभवों पर चर्चा करने में सहज महसूस करे। इन वार्तालापों के स्वर को आनंददायक और मूल्यवान बनाकर, आप अपने परिवार में खुलेपन और विश्वास की एक स्थायी आदत बना सकते हैं जो आने वाले वर्षों में सभी को लाभान्वित करेगी। एक प्रभावी टिप यह है कि निर्धारित बातचीत का इंतज़ार करने के बजाय बातचीत जारी रखें; कभी-कभी, सबसे महत्वपूर्ण बातचीत अपने आप हो जाती है। अपने बच्चे के साथ नियमित रूप से उनके दिन और भावनाओं के बारे में जाँच करें, जिससे स्वाभाविक रूप से संबंध गहरा हो सके।

13.2 सुरक्षा प्रोटोकॉल अद्यतन करना

हर माता-पिता जानते हैं कि अपने बच्चों को सुरक्षित रखना हमारी सर्वोच्च प्राथमिकता है। हालाँकि, जीवन लगातार बदल रहा है, और पिछले साल हमारे परिवार को सुरक्षित रखने वाली चीज़ें आज शायद पर्याप्त न हों। मुझे वह समय

अच्छी तरह याद है जब मेरा सबसे छोटा बच्चा सिर्फ़ पाँच साल का था। हमारे पास अजनबियों से बात न करने के बारे में ये तय नियम थे, जो मुझे लगता था कि व्यापक थे। लेकिन फिर, एक दिन, वह स्कूल से घर आई और बस में बने अपने 'दोस्त' के बारे में बात करते हुए उत्साहित थी। यह दोस्त मेरे लिए बस एक अजनबी था, और उस पल, मुझे एहसास हुआ कि हमारे नियमों को अपडेट करने की ज़रूरत है। अपने परिवार के सुरक्षा प्रोटोकॉल की नियमित समीक्षा और अपडेट करना सुनिश्चित करता है कि हम न केवल नए वातावरण और चुनौतियों के अनुकूल हो रहे हैं बल्कि अपने बच्चों को सतर्क और जागरूक रहना भी सिखा रहे हैं।

अपने बच्चे को सुरक्षा के बारे में चर्चा में शामिल करना सशक्त और शिक्षाप्रद दोनों हो सकता है। पिछली बार जब मैं अपने बच्चों के साथ बैठा था, तो हमने न केवल अपने नियमों के बारे में बात की, बल्कि उन नियमों के अस्तित्व के कारणों के बारे में भी बात की। मैंने उन्हें अपने विचार साझा करने के लिए प्रोत्साहित किया, और मुझे आश्चर्य हुआ कि उनके पास अपने स्वयं के कुछ व्यावहारिक विचार थे। जब हमने एक साथ विचार-विमर्श किया, तो यह उनके कंधों से एक बोझ उतारने जैसा था। उन्हें लगा कि उनकी बात सुनी गई, उन्हें महत्व दिया गया और उनकी सुरक्षा में वास्तव में निवेश किया गया। उदाहरण के लिए, मेरी बेटी ने सुझाव दिया कि हम एक पारिवारिक आपातकालीन योजना बनाएँ -

न केवल कुछ ऐसा जिसे हम याद कर सकें, बल्कि एक ऐसी योजना जिसे हम एक साथ अभ्यास कर सकें। यह सहयोग यह स्पष्ट करता है कि सुरक्षा केवल नियमों का पालन करने के बारे में नहीं है; यह उन्हें समझने और यह पहचानने के बारे में है कि हम सभी इसमें एक साथ हैं। टीमवर्क की इस भावना को पोषित करके, हमारे पारिवारिक सुरक्षा प्रोटोकॉल हमारे दैनिक जीवन का एक जीवंत, सांस लेने वाला हिस्सा बन जाते हैं।

लागू करने के लिए एक प्रभावी सुझाव यह है कि नियमित रूप से सुरक्षा चर्चाएँ आयोजित करें, शायद पारिवारिक बैठकों के दौरान या मज़ेदार गतिविधियों में भाग लेने के दौरान। अपने सुरक्षा नियमों को बार-बार दोहराना सुनिश्चित करें, ताकि आपके बच्चे अपने अनुभवों के आधार पर विचार और अपडेट दे सकें। यह सहयोगात्मक दृष्टिकोण उनके जीवन भर के लिए सावधानी और सतर्कता की आदतें डाल सकता है, जो उनके भविष्य के लिए एक ठोस आधार तैयार करता है।

13.3 निरंतर सीखना और अनुकूलन

यह पहचानना कि बाल सुरक्षा एक विकसित क्षेत्र है जिसके लिए निरंतर सीखने की आवश्यकता है, मेरे लिए एक परिवर्तनकारी अहसास रहा है। मैं सोचता था कि एक बार

जब मैंने बुनियादी बातें सीख लीं - अपने बच्चे को अजनबियों से होने वाले खतरे के बारे में सिखाना और यह सुनिश्चित करना कि वे घर पर सुरक्षित हैं - तो मैंने अपना काम कर दिया। लेकिन जैसे-जैसे मेरा बच्चा बड़ा हुआ, मैंने पाया कि खतरे बदल गए। दुनिया गतिशील है, और तकनीक नई चुनौतियाँ पेश करती है जिनकी मैंने पहले कल्पना भी नहीं की थी। उदाहरण के लिए, मुझे वह दिन याद है जब मेरी बेटी ने सोशल मीडिया का उपयोग करने के लिए कहा था। मेरा दिल तेज़ी से धड़क रहा था। मुझे एहसास हुआ कि मुझे न केवल यह समझना होगा कि ये प्लेटफ़ॉर्म कैसे काम करते हैं, बल्कि यह भी कि वे क्या जोखिम पैदा करते हैं। उसके अनुरोध को नज़रअंदाज़ करने के बजाय, मैंने इसे उसके साथ सीखने और बढ़ने के अवसर के रूप में लिया। ऑनलाइन स्पेस में बाल सुरक्षा के बारे में बातचीत से बचना उसे और भी ज़्यादा जोखिम में डालेगा, और मुझे पता था कि मुझे इस बारे में जानकारी रखनी होगी।

जानकारी रखना आपके बच्चे की सुरक्षा करने की आपकी क्षमता को प्रभावी ढंग से कैसे बढ़ा सकता है, यह सिर्फ़ जानकारी हासिल करने से कहीं ज़्यादा है; यह विश्वास और समझ के आधार पर संबंध बनाने के बारे में है। जितना ज़्यादा मैंने ऑनलाइन सुरक्षा के बारे में सीखा, उतना ही बेहतर तरीके से मैं उन मुश्किल बातचीत को संभालने में सक्षम महसूस करने लगा। मैंने कार्यशालाओं में भाग लेना,

लेख पढ़ना और यहाँ तक कि अंतर्दृष्टि और चिंताओं को साझा करने के लिए अन्य माता-पिता के साथ नेटवर्किंग करना शुरू कर दिया। प्रत्येक बातचीत ने मुझे अधिक नियंत्रण में महसूस कराया, और मैंने अपनी बेटी की ऑनलाइन अपने अनुभवों के बारे में मुझसे बात करने की इच्छा में बदलाव देखा। वह अपने विचार साझा करने में सहज महसूस करती थी, और मैंने पाया कि सक्रिय और शामिल होने से, मैं सिर्फ़ नियम लागू करने के बजाय उसे डिजिटल परिदृश्य के माध्यम से मार्गदर्शन कर सकता हूँ। इससे न केवल उसे सुरक्षित रहने में मदद मिली, बल्कि इससे उसे बेहतर विकल्प चुनने का अधिकार भी मिला।

माता-पिता के रूप में निरंतर सीखने को अपनाने का मतलब है न केवल बाल सुरक्षा के साथ बल्कि उस व्यापक दुनिया के साथ भी जुड़े रहना जो हमारे बच्चों के जीवन को आकार देती है। व्यावहारिक सुझाव: बाल सुरक्षा के बारे में सीखना एक नियमित पारिवारिक गतिविधि बनाएं - समाचारों, नई तकनीकों या ऐसी किसी भी चीज़ पर चर्चा करने के लिए समय निकालें जो आपके बच्चे की भलाई को प्रभावित कर सकती है। यह न केवल एक अभिभावक के रूप में आपके कौशल को मजबूत करता है बल्कि आपके बच्चे के लिए अपने विचारों और चिंताओं को व्यक्त करने के लिए एक सुरक्षित स्थान भी बनाता है। समझने और अनुकूलन करने

की आपकी यात्रा आपके बच्चे में लचीलापन बनाने के बारे में उतनी ही है जितनी कि उन्हें सुरक्षित रखने के बारे में।

अध्याय 14. सुरक्षित स्थान बनाना

14.1 सुरक्षित घरेलू वातावरण का डिजाइन तैयार करना

बच्चों के लिए सुरक्षित और आमंत्रित घर बनाने की शुरुआत उन जगहों को पहचानने से होती है जहाँ वे घूमते और खेलते हैं। मुझे याद है जब मेरा सबसे बड़ा बच्चा रेंगना शुरू कर दिया था - हमारा आरामदायक लिविंग रूम अचानक संभावित खतरों के जंगल जैसा लगने लगा था। इसने मुझे हमारे घर के हर कोने पर फिर से विचार करने के लिए प्रेरित किया। सरल समायोजन के माध्यम से एक सुरक्षित घरेलू वातावरण प्राप्त किया जा सकता है। फर्नीचर के किनारों को नरम करने से महंगी दुर्घटनाओं को रोका जा सकता है; सजावटी भंडारण डिब्बों का उपयोग न केवल कमरे को साफ करता है बल्कि सफाई को एक खेल में बदल देता है। दीवारों को गर्म और आमंत्रित रंगों से रंगकर, हम स्थानों को अधिक स्वागत योग्य महसूस करा सकते हैं, बच्चों को खुद को व्यक्त करने और स्वतंत्र रूप से खेलने के लिए प्रोत्साहित करते हैं, जबकि यह सुनिश्चित करते हैं कि वे एक सुरक्षित वातावरण से घिरे हों।

घर को बच्चों के लिए सुरक्षित बनाना कोई बहुत बड़ा काम नहीं है। हमने सफाई की चीज़ों से जिज्ञासु नन्हे हाथों को दूर रखने के लिए अलमारियों पर सुरक्षा कुंडी लगाई। यह एक छोटा सा बदलाव था, लेकिन निराशा की चीखों के बजाय हमारे बच्चे की हंसी सुनना बेहद संतोषजनक था। दरवाज़े के घुंडी कवर और आउटलेट प्लग जल्दी ही हमारे घर की ज़रूरी चीज़ें बन गए। मैंने अपने सबसे छोटे बच्चे को अव्यवस्थित रसोई काउंटर पर चढ़ने की कोशिश करते हुए पाया, जिसके बाद मैंने कठिन तरीके से सीखा। अब, हर कमरे में सुरक्षित क्षेत्र निर्धारित किए गए हैं, जहाँ खिलौने और किताबें आसानी से पहुँच में हैं, जो उन्हें सुरक्षित रखते हुए स्वतंत्रता का पोषण करते हैं। हमारे घर में घूमते हुए, मैं आत्मविश्वास से अन्वेषण को प्रोत्साहित कर सकता हूँ, यह जानते हुए कि मैंने आम खतरों से बचाव के लिए व्यावहारिक कदम उठाए हैं।

14.2 समुदाय में सुरक्षित खेल क्षेत्र

हमारे समुदाय में सुरक्षित मनोरंजन स्थल ढूँढना एक कठिन काम लग सकता है। लेकिन एक अभिभावक के रूप में, यह महत्वपूर्ण है कि हम सक्रिय रूप से उन्हें खोजें, न केवल अपने बच्चों के लिए, बल्कि हर उस परिवार के लिए जो हमारे पड़ोस को अपना घर कहता है। मेरी यात्रा एक धूप भरी दोपहर में शुरू हुई जब मैं और मेरे बच्चे स्थानीय पार्क में गए, केवल यह देखने के लिए कि झूले जंग खाए हुए थे, और

स्लाइड के ऊपर एक बड़ा छेद था। निराशा ने हमें घेर लिया, और तब मुझे एहसास हुआ कि हमारी आवाज़ों का उन जगहों पर गूंजना कितना महत्वपूर्ण है जहाँ निर्णय लिए जाते हैं। इन असुरक्षित क्षेत्रों की पहचान करना आसान था - मैंने बस संभावित खतरों की तलाश की और अपने बच्चों से पूछा कि वे जिस वातावरण में खेलते हैं, उसके बारे में उन्हें क्या लगता है। यह जागरूकता का एक मूल्यवान सबक बन गया।

अन्य अभिभावकों के साथ कुछ चर्चाओं ने मुझे यह समझने में मदद की कि मैं अपनी चिंताओं में अकेला नहीं था। साथ मिलकर, हमने एक सामुदायिक बैठक आयोजित की और सुरक्षित खेल क्षेत्रों के लिए अपनी इच्छा पर जोश से चर्चा की। वकालत करना डरावना लग सकता है, लेकिन संख्याओं में निहित शक्ति अविश्वसनीय है। हमने अपने निष्कर्षों को रेखांकित करते हुए एक सरल पत्र तैयार किया और इसे अपने स्थानीय परिषद सदस्यों को सौंप दिया। अगला कदम टाउन हॉल मीटिंग में भाग लेना और अपने पड़ोस में सुरक्षित और आकर्षक खेल स्थानों के लिए हमारे अनुरोधों को आवाज़ देना था। न केवल मेरे बच्चों के लिए, बल्कि सभी के बच्चों के लिए ये कदम उठाना सशक्त महसूस हुआ। इस दौरान, हमने यह भी पता लगाया कि समर्थन के लिए स्थानीय व्यवसायों से कैसे संपर्क किया जाए, चाहे वह

प्रायोजन के माध्यम से हो या स्वयंसेवक दिवसों के माध्यम से। इससे हमारे सामुदायिक बंधन और भी मजबूत हुए।

सुरक्षित खेल क्षेत्रों की खोज में अपने बच्चों को शामिल करना मेरे पालन-पोषण की यात्रा के सबसे पुरस्कृत अनुभवों में से एक रहा है। पार्क में हमारी शुरुआती निराशा के बाद, मैंने उन्हें अपने विचार साझा करने के लिए आमंत्रित किया कि एक अच्छे खेल क्षेत्र में क्या शामिल होना चाहिए। हमने सामुदायिक पार्कों और खेल के मैदानों की खोज करते हुए सुरक्षा सुविधाओं और मज़ेदार उपकरणों पर चर्चा की। उन्होंने नेतृत्व किया, उन्हें बताया कि उन्हें क्या पसंद है और क्या नापसंद है, जिससे उन्हें प्रक्रिया पर स्वामित्व की भावना मिली। चीजों को बेहतर बनाने के तरीकों की ओर इशारा करते हुए उनके चेहरे पर चमक देखना जादू जैसा लगा। उनके पास एक आवाज़ थी, और यह मायने रखता था। इसने न केवल सुरक्षा के महत्व पर जोर दिया बल्कि उन्हें यह भी सिखाया कि मुद्दों के बारे में सक्रिय होना आवश्यक है।

अब, जब भी हम किसी पार्क में जाते हैं, तो मैं उन्हें आस-पास के माहौल का आकलन करने की याद दिलाता हूँ। वे छोटे-छोटे समर्थक बन गए हैं, जो एक-दूसरे को टूटे हुए कांच या असुरक्षित उपकरणों जैसी चीज़ों पर ध्यान देने की याद दिलाते हैं। मैं उन्हें प्रोत्साहित करता हूँ कि अगर उन्हें कुछ चिंताजनक लगे तो वे बोलें। इन पलों ने खेल के मैदानों से आगे बढ़कर बातचीत को बढ़ावा दिया है - उन्होंने

सामुदायिक जुड़ाव और जिम्मेदारी के बारे में सीखा है। मैं दूसरे परिवारों को भी ऐसा करने के लिए आमंत्रित करता हूँ: अपने बच्चों के साथ सुरक्षा और सामुदायिक स्थानों के महत्व के बारे में संवाद के उन रास्तों को खोलें। उन्हें अपने आदर्श खेल के मैदान का सपना देखने के लिए प्रोत्साहित करें और फिर उस सपने को हकीकत में बदलने में मदद करें। इस बात पर ज़ोर देना कि हम सभी अपने समुदाय को न केवल सुरक्षित रखने में भूमिका निभाते हैं, बल्कि इसे जीवंत और आनंददायक भी बनाते हैं, उन्हें दूसरों की देखभाल करने के लिए प्रेरित कर सकता है क्योंकि वे अपने आस-पास के माहौल में ज़्यादा निवेश करते हैं।

एक व्यावहारिक सुझाव के रूप में, पड़ोस में सफाई दिवस आयोजित करने पर विचार करें, जहाँ बच्चे कूड़ा उठाने में मदद कर सकते हैं और स्थानीय पार्कों और खेल के मैदानों का एक साथ मूल्यांकन कर सकते हैं। यह पहल न केवल उनके अवलोकन कौशल को बढ़ाती है बल्कि आपके समुदाय के स्थानों में सामूहिक गर्व को बढ़ावा देती है।

14.3 बच्चों के लिए ऑनलाइन सुरक्षित क्षेत्र

हमारे बच्चों के लिए एक सुरक्षित ऑनलाइन वातावरण बनाना उन संसाधनों से शुरू होता है, जिन तक वे पहुँच सकते हैं। मुझे याद है कि पहली बार जब मेरी बेटी ने अकेले

इंटरनेट का इस्तेमाल किया था; यह गर्व और चिंता का मिश्रण था। यह सुनिश्चित करने के लिए कि उसका अनुभव सकारात्मक हो, मैंने दोस्ताना और शैक्षिक वेबसाइटों का एक संग्रह तैयार करने में समय बिताया। इससे न केवल उसे नई रुचियों की खोज करने में मदद मिली, बल्कि वेब के कम स्वादिष्ट कोनों से एक सुरक्षात्मक अवरोध भी मिला। पीबीएस किड्स, नेशनल जियोग्राफिक किड्स और विभिन्न शैक्षिक यूट्यूब चैनल जैसे ऑनलाइन प्लेटफ़ॉर्म उसके लिए सुरक्षित बंदरगाह बन गए। इन संसाधनों के लिए उसका मार्गदर्शन करके, मुझे उसे तलाशने की अनुमति देने में अधिक सहजता महसूस हुई, यह जानते हुए कि उसके अनुपयुक्त सामग्री का सामना करने की संभावना कम थी।

हमारे द्वारा चुने गए संसाधनों में उद्देश्य की भावना पैदा करना आवश्यक है। मैं माता-पिता को इस प्रक्रिया में अपने बच्चों को शामिल करने के लिए प्रोत्साहित करता हूँ। उनसे पूछें कि उन्हें क्या पसंद है - चाहे वह डायनासोर हो, अंतरिक्ष हो या कला। इससे ज्ञान की खोज हो सकती है, जो ऑनलाइन खोज को समृद्ध अनुभव में बदल सकती है। साथ मिलकर, हम वेबसाइटों की समीक्षा कर सकते हैं, शैक्षिक खेलों की पहचान कर सकते हैं, और ऐसे ऐप चुन सकते हैं जो सुरक्षा बनाए रखते हुए सीखने को बढ़ावा देते हैं। इस क्यूरेटेड सूची को नियमित रूप से अपडेट करने से उनकी ऑनलाइन यात्रा ताज़ा और रोमांचक बनी रहती है, जिससे उन्हें सुरक्षित

वातावरण में रहते हुए भी वापस लौटने के लिए प्रेरित किया जाता है।

घर पर डिजिटल सुरक्षा की भावना पैदा करना एक ऐसा सफ़र है जिसके लिए खुलेपन और भरोसे की ज़रूरत होती है। मुझे एक पल अच्छी तरह याद है जब मेरा बेटा, बड़ी आँखों वाला और जिज्ञासु, एक शब्द के बारे में पूछ रहा था जो उसे ऑनलाइन सर्च के दौरान मिला था। उसे अनजान क्षेत्र में जाने के लिए डाँटने के बजाय, मैंने उसके साथ बैठकर चर्चा करने का फैसला किया कि उसने क्या पाया। इससे सवाल पूछने और ऑनलाइन जो कुछ भी सामना होता है उसे समझने के महत्व के बारे में एक सशक्त बातचीत हुई। एक खुली बातचीत को बढ़ावा देकर, मैंने उसे इंटरनेट को सिर्फ़ एक उपकरण के रूप में नहीं बल्कि विकास के लिए एक जगह के रूप में देखने के लिए प्रोत्साहित किया, साथ ही अपने ऑनलाइन मुठभेड़ों के बारे में संवाद करने के महत्व को भी पुष्ट किया।

दिशा-निर्देश स्थापित करने से हमारे बच्चों की डिजिटल सुरक्षा और बेहतर हो सकती है। हमने ऑनलाइन गतिविधियों के लिए विशिष्ट समय निर्धारित किया है और तकनीक को एकांत बेडरूम के बजाय साझा स्थानों पर रखा है। यह पारदर्शिता हमें इस बात से अवगत कराती है कि वे क्या कर रहे हैं और उन्हें समर्थित महसूस करने में मदद करती है। इसके अतिरिक्त, उन्हें लाल झंडों को पहचानना सिखाना

- जैसे कि अपरिचित लिंक या संदिग्ध संदेश - उन्हें डिजिटल दुनिया में आत्मविश्वास से नेविगेट करने के लिए आवश्यक उपकरण प्रदान करता है। साथ मिलकर, हम एक ऐसा पोषण करने वाला माहौल बनाते हैं जो डर पैदा किए बिना सुरक्षा पर जोर देता है।

ऑनलाइन खतरों के बारे में चर्चा निरंतर होनी चाहिए, न कि एक बार की बातचीत। मैंने पाया है कि डिजिटल सुरक्षा पाठों को अपनी दैनिक दिनचर्या में शामिल करने से यह स्वाभाविक और सुलभ हो जाता है। इसके अलावा, अपने बच्चों को यह भरोसा दिलाना कि उनके पास अपनी किसी भी चिंता को लेकर आना ठीक है, एक सुरक्षित जगह को प्रोत्साहित करता है जहाँ वे सहज महसूस करेंगे। एक महत्वपूर्ण सुझाव जो मैं साझा कर सकता हूँ वह है नियमित रूप से "टेक चेक-इन" की आदत बनाए रखना। उनके ऑनलाइन अनुभवों के बारे में ये अनौपचारिक बातचीत उनके डिजिटल जीवन में मूल्यवान अंतर्दृष्टि को उजागर कर सकती है और विश्वास पर आधारित एक मजबूत रिश्ते को बढ़ावा दे सकती है।

अध्याय 15. अगली पीढ़ी को सशक्त बनाना

15.1 शिक्षण वकालत और सक्रियता

बच्चों को अपने और अपने समुदाय में दूसरों के लिए खड़े होने के लिए प्रोत्साहित करना सबसे सशक्त उपहारों में से एक है जो हम उन्हें दे सकते हैं। मुझे याद है जब मेरी बेटी एला प्राथमिक विद्यालय में थी और एक ऐसी स्थिति का सामना कर रही थी जहाँ उसने अपनी सहपाठी को तंग होते देखा था। पहले तो वह असहाय महसूस कर रही थी और उसे समझ नहीं आ रहा था कि क्या करे। मैं उसकी आँखों में संघर्ष देख सकता था; वह मदद करना चाहती थी, लेकिन दूसरों से अलग दिखने का डर उसे भारी पड़ रहा था। मैंने उस पल का उपयोग उसके साथ वकालत के महत्व को साझा करने के लिए किया, न केवल उसके लिए बल्कि दूसरों के लिए भी। हमने इस बारे में बात की कि कैसे सही के लिए खड़े होने से उनके समुदाय में सकारात्मक प्रभाव पड़ सकता है। कुछ हफ़्तों के दौरान, एला ने अपनी भावनाओं को व्यक्त करना और छोटे-छोटे कदम उठाना सीख लिया, जैसे कि स्थिति के बारे में शिक्षक से बात करना। उसे एक झिझकने वाली बच्ची से एक आत्मविश्वासी वकील में बदलते देखना वाकई प्रेरणादायक था। इसने हम दोनों को यह पुख्ता किया

कि हर आवाज़ मायने रखती है, और यहाँ तक कि सबसे छोटी हरकतें भी हमारे आस-पास के माहौल में बदलाव ला सकती हैं।

युवाओं के नेतृत्व वाली पहल की खूबसूरती उनकी प्रामाणिकता और जुनून में है। मैंने अपने दोस्त के बेटे मार्कस जैसी कहानियाँ सुनी हैं, जिसने अपने स्कूल में रीसाइक्लिंग कार्यक्रम शुरू करने का बीड़ा उठाया। सिर्फ़ कुछ दोस्तों के साथ, उसने पर्यावरण के मुद्दों के बारे में जागरूकता बढ़ाने के लिए अभियान चलाया और साप्ताहिक सफाई दिवस आयोजित किए। उसके प्रयासों को अनदेखा नहीं किया गया; उन्होंने न केवल उसके स्कूल में बल्कि व्यापक समुदाय में भी भागीदारी की लहर पैदा की। उन्होंने समर्थन के लिए स्थानीय व्यवसायों से संपर्क किया, जिससे उन्हें अंततः वृक्षारोपण और शैक्षिक कार्यशालाओं जैसी अधिक व्यापक परियोजनाओं के लिए धन सुरक्षित करने में मदद मिली। स्थिरता के इर्द-गिर्द उनके स्कूल की संस्कृति में परिवर्तन स्पष्ट था। यह एक स्पष्ट उदाहरण था कि कैसे युवा लोग महत्वपूर्ण सामाजिक पहलों का नेतृत्व कर सकते हैं। ये कहानियाँ हमें याद दिलाती हैं कि जब हमारे बच्चे कार्य करने के लिए सशक्त महसूस करते हैं, तो उनके पास कितनी क्षमता होती है, यह दर्शाता है कि वे कितना उल्लेखनीय प्रभाव प्राप्त कर सकते हैं।

माता-पिता और अभिभावकों के रूप में, हम इस वकालत की भावना को पोषित करने में महत्वपूर्ण भूमिका निभाते हैं। अपने बच्चों को उन कारणों से जुड़ने के लिए प्रोत्साहित करें जिनके बारे में वे भावुक हैं। उन्हें स्थानीय संगठनों, उनके स्कूलों या सक्रियता को बढ़ावा देने वाले आभासी प्लेटफार्मों के माध्यम से अवसरों का पता लगाने दें। उनकी चिंताओं को सुनना और उनके प्रयासों का जश्न मनाना महत्वपूर्ण है, चाहे वे कितने भी छोटे क्यों न हों। वर्तमान घटनाओं के बारे में बातचीत शुरू करें और उनसे इन मामलों पर उनके विचारों और भावनाओं के बारे में पूछें। उन्हें सहानुभूति और न्याय के बारे में चर्चाओं में शामिल करें, और ऐसे परिदृश्यों की भूमिका निभाएँ जहाँ उन्हें वकालत के बारे में चुनाव करना चाहिए। यह न केवल उनके आत्मविश्वास का निर्माण करता है बल्कि यह भी पुष्ट करता है कि उनकी आवाज़ बदलाव के लिए शक्तिशाली उपकरण हैं। हमारा प्रोत्साहन भविष्य के नेताओं को बढ़ावा दे सकता है जो खुद और दूसरों के लिए वकालत करने, और दूसरों के लिए मार्ग प्रशस्त करने का साहस करेंगे।

15.2 नेतृत्व कौशल को प्रोत्साहित करना

बच्चों में नेतृत्व के गुणों को बढ़ावा देना उनके आत्मविश्वास को बढ़ाने के लिए ज़रूरी है। मुझे याद है जब मेरा बेटा, जेक, सात साल का था। वह शर्मीलेपन से जूझता था, अक्सर स्कूल की गतिविधियों के दौरान किनारे पर बैठा रहता था। एक दिन, उसके शिक्षक ने एक समूह परियोजना की घोषणा की जिसमें प्रत्येक बच्चे को कक्षा में अपने विचार प्रस्तुत करने थे। मैंने जेक को अपने समूह में नेतृत्व की भूमिका निभाने के लिए प्रोत्साहित किया। साथ मिलकर, हमने उसे विचार एकत्र करने और एक प्रस्तुति तैयार करने में मदद की। मैंने देखा कि जैसे ही उसे एहसास हुआ कि उसकी आवाज़ मायने रखती है, उसकी झिझक उत्साह में बदल गई। प्रस्तुति के दिन, वह अपने सहपाठियों के सामने खड़ा था, न केवल एक प्रतिभागी के रूप में बल्कि एक नेता के रूप में, अपने साथियों को उनकी परियोजना के माध्यम से मार्गदर्शन करते हुए। उस पल में उसे कामयाब होते देखना मुझे गर्व और खुशी से भर देता था, और यह दर्शाता था कि कैसे छोटे-छोटे प्रोत्साहन बच्चों में महत्वपूर्ण आत्मविश्वास पैदा कर सकते हैं।

वास्तविक जीवन के परिदृश्य अक्सर युवा नेतृत्व की शक्ति को प्रदर्शित करते हैं। पिछली गर्मियों में ही, हमारे समुदाय ने स्थानीय दान के लिए युवाओं के नेतृत्व में एक धन उगाहने का आयोजन किया। जेक सहित बच्चों के एक समूह ने थीम से लेकर गतिविधियों तक सब कुछ व्यवस्थित किया। उन्होंने

पोस्टर डिजाइन किए, स्थानीय व्यवसायों से दान के लिए संपर्क किया और यहां तक कि कार्यक्रम के लिए एक कार्यक्रम भी बनाया। जैसे-जैसे दिन करीब आ रहा था, मैंने देखा कि कैसे जेक और उसके दोस्त समस्याओं को सुलझाने और एक-दूसरे को प्रेरित करने के लिए खुद को जिम्मेदार ठहरा रहे थे। धन उगाहने वाले दिन, मैं इन युवा नेताओं को एक साथ सहजता से काम करते हुए देखकर दंग रह गया। उन्होंने न केवल धन जुटाया बल्कि टीम वर्क, दृढ़ समस्या-समाधान कौशल और जिम्मेदारी की भावना भी विकसित की। उन्हें डरपोक बच्चों से आत्मविश्वासी युवा नेताओं में बदलते देखना अविश्वसनीय था, जो अपने समुदाय को वापस देने के मूल्य को समझते थे।

बच्चों में नेतृत्व को प्रोत्साहित करना सिर्फ़ उन्हें परियोजनाओं या गतिविधियों में मार्गदर्शन देने के बारे में नहीं है; यह एक ऐसा माहौल बनाने के बारे में है जहाँ वे खुद को अभिव्यक्त करने और जोखिम उठाने में सुरक्षित महसूस करें। माता-पिता के रूप में, हम नेतृत्व करने के अवसर प्रदान करके उनके कौशल का पोषण कर सकते हैं - चाहे वह पारिवारिक कार्यक्रमों का आयोजन करना हो, सामुदायिक परियोजनाओं में स्वयंसेवा करना हो या स्कूल की गतिविधियों में भाग लेना हो। उनके प्रयासों को पहचानना, उनकी सफलताओं का जश्न मनाना और उनकी कमियों से सीखने में उनकी मदद करना महत्वपूर्ण है। एक व्यावहारिक दृष्टिकोण अपने बच्चों

के साथ नेतृत्व के बारे में चर्चा करना है। उनसे पूछें कि उन्हें क्या लगता है कि एक अच्छा नेता कौन होता है और वे उस भूमिका में किसे आदर्श मानते हैं। उन्हें इन गुणों के बारे में गंभीरता से सोचने के लिए आमंत्रित करना उन्हें उन गुणों को खुद में अपनाने के लिए प्रेरित कर सकता है। आखिरकार, आज हम अपने बच्चों में जो बीज बोते हैं, वे कल के मज़बूत नेताओं के रूप में खिल सकते हैं।

15.3 जिम्मेदारी की भावना पैदा करना

बच्चों को सुरक्षा और भलाई के प्रति उनकी व्यक्तिगत जिम्मेदारी के बारे में सिखाना सबसे शक्तिशाली पाठों में से एक है जो हम उन्हें दे सकते हैं। मुझे वह समय याद है जब मेरा बेटा, डायलन, सिर्फ़ छह साल का था। हम पार्क में खेल रहे थे, और मैंने देखा कि वह एक पेड़ पर चढ़ रहा था, जो उसे चढ़ना चाहिए था। उसे बस नीचे बुलाने के बजाय, मैंने उस पल को एक शिक्षण अवसर के रूप में उपयोग करने का फैसला किया। मैंने उससे पूछा कि अगर वह गिर जाए तो क्या हो सकता है और अगर कोई और चोटिल हो जाए तो उसे कैसा लगेगा क्योंकि उसने अपने कार्यों के बारे में सावधानी से नहीं सोचा। उसे अपने विकल्पों पर विचार करने के लिए प्रोत्साहित करके, वह समझने लगा कि खुद की देखभाल करने का मतलब दूसरों की सुरक्षा के बारे में सोचना भी है। इस बातचीत ने पार्क में बिताए एक साधारण दिन को

व्यक्तिगत जिम्मेदारी पर एक स्थायी पाठ में बदल दिया। इस तरह की चर्चाएँ नियमित रूप से करना ज़रूरी है, इस विचार को पुष्ट करते हुए कि उनके कार्यों के परिणाम होते हैं और सुरक्षा उनसे शुरू होती है।

बच्चों को सामुदायिक सेवा में शामिल करने से उनके कर्तव्य की भावना और दूसरों के साथ जुड़ाव में काफी वृद्धि हो सकती है। मैंने पाया है कि एक परिवार के रूप में स्वयंसेवा करना न केवल हमें जोड़ता है बल्कि हमारे आस-पास की जरूरतों के बारे में जागरूकता भी बढ़ाता है। एक साल, हम थैंक्सगिविंग ड्राइव के लिए एक स्थानीय फूड बैंक में शामिल हुए, और मेरी बेटी, मिया ने स्कूल में अपने दोस्तों को वापस देने के महत्व के बारे में शिक्षित करने का बीड़ा उठाया। मैंने विस्मय से देखा कि कैसे उसने भोजन संग्रह का आयोजन किया और अपने सहपाठियों को योगदान देने के लिए प्रेरित किया। मिया के लिए, यह केवल वस्तुओं को इकट्ठा करने के बारे में नहीं था; यह हमारे समुदाय पर उसके कार्यों के प्रभाव को समझने और महसूस करने के बारे में था। इस अनुभव ने दूसरों की मदद करने के लिए उसके जुनून को जगाया और उसे बड़ी तस्वीर में अपनी भूमिका का एहसास कराया। बच्चे करके सबसे अच्छा सीखते हैं, और जब वे सामुदायिक सेवा में भाग लेते हैं, तो वे जिम्मेदारी, सहानुभूति और सामूहिक कार्रवाई की शक्ति के बारे में सार्थक बातचीत में सक्रिय रूप से शामिल होते हैं।

जब आप अपने बच्चों को व्यक्तिगत जिम्मेदारी और सामुदायिक भागीदारी को समझने में मार्गदर्शन करते हैं, तो ध्यान रखें कि छोटे-छोटे पल महत्वपूर्ण बदलाव ला सकते हैं। पार्क में या सामुदायिक सेवा के दौरान उनके अनुभवों और भावनाओं के बारे में खुली चर्चा को प्रोत्साहित करें, जिससे उन्हें खुद को अभिव्यक्त करने का मौका मिले। अपनी खुद की जिम्मेदारियों की कहानियाँ साझा करें - जैसे कि जब मैं ठीक से रीसाइकिल करना भूल गया और ऐसा करने के महत्व के बारे में कठिन तरीके से सीखा। ये अनुभव बच्चों को यह देखने में मदद करते हैं कि जिम्मेदारी एक यात्रा है, और रास्ते में ठोकर खाना ठीक है। अपने कार्यों में जवाबदेही का उदाहरण पेश करें और उन्हें अपनी ज़िम्मेदारियों, चाहे वे बड़ी हों या छोटी, का भार उठाने के लिए प्रोत्साहित करें, क्योंकि यह उनके लिए देखभाल करने वाले, ज़िम्मेदार वयस्कों के रूप में विकसित होने की नींव रखेगा जो अपने आस-पास की दुनिया में अपने कार्यों के महत्व को समझते हैं।

निष्कर्ष – जीवन का सबसे बड़ा अवसर!

घरेलू हिंसा और यौन शोषण के मुद्दों से निपटने में मुझे जो सबसे बड़ी मदद मिली, वह ईश्वर और खुद के साथ शांति पाने में थी। ताकत पाने का अंतिम स्थान ईसा मसीह के माध्यम से ईश्वर में है, जैसा कि मैंने आघात और अंततः उपचार की अपनी यात्रा में अनुभव किया है। प्रार्थना और विश्वास ने ठीक होने और उपचार में बहुत महत्वपूर्ण भूमिका निभाई।

बाइबल में दो महत्वपूर्ण कहानियाँ थीं जिन्होंने मुझे समस्याओं से निपटने में मदद की और साथ ही यीशु मसीह के साथ मेरी बातचीत की कहानी भी - वास्तविक जीवन! आइए नीचे दिए गए दो कहानियों से शुरू करें:

वे ये हैं:

लूका 4:17-19

एम्प्लीफाइड बाइबल, क्लासिक संस्करण

17 और यशायाह भविष्यद्वक्ता की पुस्तक उसके हाथ में दी गई, और उस ने खोलकर वह स्थान निकाला, जहां लिखा था।

18 प्रभु का आत्मा मुझ पर है, इसलिये कि उस ने कंगालों को सुसमाचार सुनाने के लिये मेरा अभिषेक किया है; और

मुझे इसलिये भेजा है, कि बन्दियों को रिहाई का और अंधों को दृष्टि पाने का समाचार दूं और सताए हुए लोगों को छुड़ाऊं ।

[19] *कि प्रभु के ग्रहणयोग्य वर्ष का प्रचार करो। [वह दिन जब उद्धार और परमेश्वर की कृपा बहुतायत से होगी]* ।

यूहन्ना 8:1-12

किंग जेम्स संस्करण

8 **यीशु जैतून पहाड़ पर गया।**

[2] **और भोर को वह फिर मन्दिर में आया, और सब लोग उसके पास आए; और वह बैठकर उन्हें उपदेश देने लगा।**

[3] **तब शास्त्री और फरीसी एक** ***स्त्री को जो व्यभिचार में पकड़ी गई थी, उसके पास लाए*****, और उसे बीच में खड़ी करके कहा।**

[4] **उन्होंने उस से कहा;** ***हे गुरु, यह स्त्री व्यभिचार करते ही पकड़ी गई है।***

[5] **अब मूसा ने व्यवस्था में हमें आज्ञा दी है, कि ऐसे लोगों को पत्थरवाह किया जाए; परन्तु तू क्या कहता है?**

6 उन्होंने उस पर दोष लगाने के लिये यह बात कही, परन्तु
यीशु झुककर उँगली से भूमि पर लिखने लगा, मानो वह
उनकी बात सुनता ही न हो।

7 जब वे उस से पूछते रहे, तो उस ने सीधे होकर उन से
कहा; तुम में जो निष्पाप हो, वही पहिले उसको पत्थर
मारे।

8 फिर वह फिर झुककर भूमि पर लिखने लगा।

9 और लोग यह सुनकर अपने अपने विवेक से दोषी ठहरे,
और बड़े से लेकर छोटे तक, एक एक करके बाहर चले
गए; और यीशु अकेला रह गया, और स्त्री बीच में खड़ी रह
गई।

10 जब यीशु ने सीधे होकर उस स्त्री को छोड़ और किसी
को न देखा, तो उस से कहा; हे नारी, तेरे मुद्दई कहां गए?
क्या किसी ने तुझे दोषी नहीं ठहराया?

11 उस ने कहा, हे प्रभु, ऐसा नहीं: यीशु ने उस से कहा, मैं भी
तुझ पर दंड की आज्ञा नहीं देता; जा, और फिर पाप न
करना।

12 तब यीशु ने फिर उन से कहा, जगत की ज्योति मैं हूं; जो
मेरे पीछे हो लेगा, वह अंधकार में न चलेगा, परन्तु जीवन
की ज्योति पाएगा।

एक ऐसे मुद्दे पर विचार-विमर्श था जो मुझे लंबे समय से परेशान कर रहा था और मैं अपने दिल में इस पर विचार करता रहा, फिर एक दिन मैंने यीशु से पूछने का फैसला किया। मैंने पूछा, "यीशु, क्यों पीढ़ियों से और बाइबल में भी महिलाओं के साथ इतना बुरा व्यवहार किया जाता है?" उनका जवाब चौंकाने वाला था - उन्होंने कहा, "मैं महिलाओं के साथ कैसा व्यवहार करता हूँ?" मैंने कहा, हाँ! मुझे जवाब मिल गया! यीशु महिलाओं के साथ कैसा व्यवहार करते थे? पूरे शास्त्र में, यीशु ने महिलाओं के साथ सम्मान से व्यवहार किया। लूका 8:1-3 **में, हम पढ़ते हैं कि महिलाएँ ही यीशु की सेवकाई का समर्थन कर रही थीं। जब वह मृतकों में से जी उठा, तो उसने खुद को सबसे पहले मरियम मगदलीनी को दिखाया (मरकुस** 16:9.)

उस दिन से, मैं वह सब करने के लिए स्वतंत्र हो गया जिसे करने के लिए परमेश्वर ने मुझे बुलाया था, क्योंकि यीशु मसीह के समक्ष मैं उसके लिए विशेष हूँ और जिस क्षेत्र में मैंने सबसे अधिक कष्ट झेले हैं, उसमें उसने मेरे लिए महान योजनाएँ बनाई हैं, ताकि वह मेरी प्रतिकूलता को लाभ में बदल सके!

बच्चों के लिए उसने मत्ती 19:14 में कहा

नया अंतर्राष्ट्रीय संस्करण

[14] ***यीशु ने कहा, " <u>बालकों को मेरे पास आने दो</u>, और उन्हें मना न करो, क्योंकि स्वर्ग का राज्य ऐसों का है।"***

परमेश्वर का राज्य बच्चों को दिया जाता है और फिर उसने मत्ती 18:3-5 किंग जेम्स वर्शन (KJV) में कहा ***और कहा, मैं तुमसे सच कहता हूँ, जब तक तुम न फिरो और छोटे बच्चों की तरह न बनो, तुम स्वर्ग के राज्य में प्रवेश नहीं कर पाओगे। इसलिए जो कोई अपने आप को इस छोटे बच्चे की तरह छोटा करेगा, वही स्वर्ग के राज्य में सबसे बड़ा होगा।***

ऐसा क्यों है कि जो भगवान को प्रिय है, हम उसे तुच्छ समझते हैं? महिलाओं और बच्चों को? क्यों?

इसलिए हमें अब चुप नहीं रहना चाहिए! हमें उससे लड़ना चाहिए और उसके द्वारा और उसके द्वारा अपना पक्ष रखना चाहिए!

मैं आज आपको मसीह यीशु में उद्धार के माध्यम से यीशु के साथ संबंध तलाशने का अवसर देता हूँ। मेरे साथ चलें क्योंकि मैं आपको नीचे दिए गए विवरण बताता हूँ।

<u>https://web.facebook.com/groups/amandadaniel</u>
पर मुझसे जुड़ें तो बेझिझक प्रश्न पूछें

उद्धार की कहानी – उद्धार की प्रार्थना – उद्धार की प्रार्थना – परमेश्वर के साथ हमारी पहली वास्तविक बातचीत

"मुक्ति की प्रार्थना" सबसे महत्वपूर्ण प्रार्थना है जो हम कभी भी करेंगे। जब हम ईसाई बनने के लिए तैयार होते हैं, तो हम परमेश्वर के साथ अपनी पहली वास्तविक बातचीत करने के लिए तैयार होते हैं, और ये इसके घटक हैं:

- हम स्वीकार करते हैं कि यीशु मसीह परमेश्वर है; वह इस पृथ्वी पर मनुष्य के रूप में आया ताकि वह पाप रहित जीवन जिए जिसे हम नहीं जी सकते; वह हमारे स्थान पर मरा, ताकि हमें वह दण्ड न भुगतना पड़े जिसके हम पात्र हैं।
- हम अपने पिछले पापमय जीवन को स्वीकार करते हैं - अपने लिए जीना और परमेश्वर की आज्ञा का पालन न करना।
- हम स्वीकार करते हैं कि हम यीशु मसीह पर अपने उद्धारकर्ता और प्रभु के रूप में भरोसा करने के लिए तैयार हैं।
- हम यीशु से प्रार्थना करते हैं कि वह हमारे हृदय में आये, वहाँ निवास करे, और हमारे द्वारा जीवन जीना आरम्भ करे।

उद्धार की प्रार्थना – यह ईश्वर में विश्वास से शुरू होती है

जब हम उद्धार की प्रार्थना करते हैं, तो हम परमेश्वर को यह बता रहे होते हैं कि हम मानते हैं कि उसका वचन सत्य है। उसने हमें जो विश्वास दिया है, उसके द्वारा हम उस पर विश्वास करना चुनते हैं। बाइबल हमें बताती है कि " *विश्वास के बिना उसे प्रसन्न करना असंभव है, क्योंकि जो परमेश्वर के पास आता है, उसे विश्वास करना चाहिए कि वह है, और वह उन लोगों को प्रतिफल देता है जो परिश्रम से उसके खोजते हैं*" (इब्रानियों 11:6)।

इसलिए, जब हम प्रार्थना करते हैं, परमेश्वर से उद्धार का उपहार माँगते हैं, तो हम अपनी स्वतंत्र इच्छा का प्रयोग करके यह स्वीकार करते हैं कि हम उस पर विश्वास करते हैं। विश्वास का यह प्रदर्शन परमेश्वर को प्रसन्न करता है, क्योंकि हमने उसे जानने का स्वतंत्र रूप से चुनाव किया है।

उद्धार की प्रार्थना – अपने पापों को स्वीकार करना

जब हम उद्धार की प्रार्थना करते हैं, तो हम स्वीकार करते हैं कि हमने पाप किया है। जैसा कि बाइबल सभी के बारे में कहती है, केवल मसीह को छोड़कर: " *क्योंकि सब ने पाप किया है और परमेश्वर की महिमा से रहित हैं*" (रोमियों 3:23)।

पाप करना बस लक्ष्य से चूक जाना है, जैसे कि तीर निशाने पर ठीक से नहीं लगता। परमेश्वर की महिमा जिससे हम चूक जाते हैं, वह केवल यीशु मसीह में ही पाई जाती है: "

क्योंकि परमेश्वर ही है जिसने अंधकार में से ज्योति को चमकने की आज्ञा दी, और जो हमारे हृदयों में चमका कि परमेश्वर की महिमा की पहचान की ज्योति यीशु मसीह के चेहरे से दे" (2 कुरिन्थियों 4:6)।

उद्धार की प्रार्थना, इस प्रकार, यह स्वीकार करती है कि यीशु मसीह ही एकमात्र मनुष्य है जो पाप के बिना जीया। " *क्योंकि जो पाप से अज्ञात था, उसी को उसने हमारे लिये पाप ठहराया कि हम उसमें होकर परमेश्वर की धार्मिकता बन जाएँ*" (2 कुरिन्थियों 5:21)।

उद्धारकर्ता और प्रभु के रूप में मानना

मसीह को अपनी पूर्णता का मानक मानकर, हम अब प्रेरित यूहन्ना के साथ सहमत होते हुए, उनमें ईश्वर के रूप में विश्वास को स्वीकार कर रहे हैं कि: " *आदि में वचन (मसीह) था, और वचन परमेश्वर के साथ था, और वचन परमेश्वर था। वह आदि में परमेश्वर के साथ था। सब कुछ उसी के द्वारा उत्पन्न हुआ, और जो कुछ उत्पन्न हुआ है, उसमें से कुछ भी उसके बिना उत्पन्न नहीं हुआ*" (यूहन्ना 1:1-3)।

क्योंकि परमेश्वर केवल एक परिपूर्ण, पाप रहित बलिदान को स्वीकार कर सकता था, और क्योंकि वह जानता था कि हम संभवतः ऐसा नहीं कर सकते, इसलिए उसने अपने पुत्र को हमारे लिए मरने और अनन्त मूल्य चुकाने के लिए भेजा। "क्योंकि *परमेश्वर ने जगत से ऐसा प्रेम रखा कि उसने अपना*

एकलौता पुत्र दे दिया, ताकि जो कोई उस पर विश्वास करे, वह नाश न हो, परन्तु अनन्त जीवन पाए।" (यूहन्ना 3:16)।

उद्धार की प्रार्थना – इसे अभी कहो और इसका पालन करो!

क्या आप अब तक पढ़ी गई हर बात से सहमत हैं? अगर आप सहमत हैं, तो यीशु मसीह में अपना नया जीवन शुरू करने के लिए एक पल भी इंतज़ार न करें। याद रखें, यह प्रार्थना कोई जादुई नुस्खा नहीं है। आप बस अपने दिल की बात भगवान से कह रहे हैं। हमारे साथ यह प्रार्थना करें:

"पिता, मैं जानता हूँ कि मैंने आपके नियमों को तोड़ा है और मेरे पापों ने मुझे आपसे अलग कर दिया है। मैं सच में माफी चाहता हूँ, और अब मैं अपने पिछले पापपूर्ण जीवन से दूर होकर आपकी ओर मुड़ना चाहता हूँ। कृपया मुझे माफ़ करें, और मुझे फिर से पाप करने से बचने में मदद करें। मेरा मानना है कि आपका बेटा, यीशु मसीह मेरे पापों के लिए मर गया, मृतकों में से पुनर्जीवित हुआ, जीवित है, और मेरी प्रार्थना सुनता है। मैं यीशु को अपने जीवन का प्रभु बनने, आज से मेरे दिल में शासन करने और राज करने के लिए आमंत्रित करता हूँ। कृपया मुझे आपकी आज्ञा मानने और अपने बाकी जीवन में आपकी इच्छा पूरी करने में मदद करने के लिए अपनी पवित्र

आत्मा भेजें। यीशु के नाम में मैं प्रार्थना करता हूँ, आमीन।"

मुक्ति की प्रार्थना - मैंने प्रार्थना कर ली; अब क्या?

यदि आपने उद्धार की यह प्रार्थना सच्चे विश्वास और हृदय से की है, तो अब आप यीशु के अनुयायी हैं। यह एक तथ्य है, चाहे आप कुछ अलग महसूस करें या न करें। धार्मिक प्रणालियों ने आपको यह विश्वास दिलाया होगा कि आपको कुछ महसूस करना चाहिए - एक गर्म चमक, एक झुनझुनी, या कोई अन्य रहस्यमय अनुभव। तथ्य यह है कि, आप ऐसा कर सकते हैं या नहीं भी कर सकते हैं। यदि आपने उद्धार की प्रार्थना की है और इसे गंभीरता से लिया है, तो अब आप यीशु के अनुयायी हैं। बाइबल हमें बताती है कि आपका शाश्वत उद्धार सुरक्षित है! " *कि यदि तू अपने मुँह से यीशु को प्रभु जानकर अंगीकार करे, और अपने हृदय से विश्वास करे, कि परमेश्वर ने उसे मरे हुओं में से जिलाया है, तो तू निश्चय उद्धार पाएगा*" (रोमियों 10:9)।

परमेश्वर के परिवार में आपका स्वागत है! हम आपको प्रोत्साहित करते हैं कि आप अभी एक स्थानीय चर्च खोजें जहाँ आप बपतिस्मा ले सकें और परमेश्वर के वचन, बाइबल के माध्यम से उसके ज्ञान में बढ़ सकें।

आप हमारी साइट www.otakada.org पर भी जा सकते हैं जो आपको मसीह में विकसित होने और बढ़ने में मदद करेगी

यीशु को स्वयं खोजने के लिए डिस्कवरी बाइबल अध्ययन में इस लिंक का उपयोग करें
https://www.otakada.org/dbs-dmm/

40-दिवसीय शिष्यत्व यात्रा

https://www.otakada.org/get-free-40-days-online-discipleship-course-in-a-journey-with-jesus/ के माध्यम से अपनी गति से 40-दिवसीय यात्रा ऑनलाइन शुरू कर सकते हैं।

यदि आपको मार्गदर्शन की आवश्यकता हो तो info@otakada.org पर ईमेल भेजें

प्रभु आपके जीवन को विस्तृत करें और आपको आनंद, शांति, प्रेम और सद्भाव से भर दें जो केवल वही दे सकता है, आमीन

आपके लिए प्रश्न!

यदि आपके पास कोई अनुवर्ती प्रश्न हों, तो बेझिझक मुझे लिखें, फोन करें या मुझसे बातचीत करें , क्योंकि हमें विश्वास है कि परमेश्वर की आत्मा आपको आपकी कल्पना से भी परे उत्तर देगी।

अमांडा डैनियल

https://web.facebook.com/groups/amandadaniel

www.ingramcontent.com/pod-product-compliance
Lightning Source LLC
LaVergne TN
LVHW051025051026
849532LV00004BA/1370
* 9 7 9 8 3 3 0 3 6 7 2 5 2 *